D1176872

EL ENGAÑO POPULISTA

EL ENGAÑO POPULISTA

Por qué se arruinan nuestros países y cómo rescatarlos

Axel Kaiser

Gloria Álvarez

Ariel

Obra editada en colaboración con Editorial Planeta Colombiana – Colombia

Diseño de portada: Adaptacion de José Luis Maldonado de un diseño original de microbiogentleman.com
Fotografías de portada: Fidel Castro: © Jose Goitia/Gamma-Rapho vía Getty Images. Pablo Iglesias: © Marcos del Mazo/Pacific Press/LightRocket vía Getty Images. Hugo Chávez: © Juan Barreto/AFP/Getty Images. Michelle Bachelet: © Fernando, Lavoz/ LatinContent/Getty Images. Evo Morales: © Jose Luis Quintana/LatinContent/Getty Images. Cristina Fernández de Kirchner: © Juan Mabromata/AFP/Getty Images. Andrés Manuel López Obrador: © José Manuel Jiménez/Archivo Procesofoto

© 2016, Ediciones Culturales Paidós, S.A. de C.V.
Bajo el sello editorial ARIEL M.R.
Avenida Presidente Masarik núm. 111, Piso 2
Colonia Polanco V Sección
Deleg. Miguel Hidalgo
C.P. 11560, Ciudad de México
www.planetadelibros.com.mx
www.paidos.com.mx

Primera edición impresa en Colombia: mayo de 2016
ISBN 13: 978-958-42-5096-4
ISBN 10: 958-42-5096-5

Primera edición impresa en México: junio de 2016
ISBN: 978-607-747-228-5

Impreso en los talleres de Litográfica Ingramex, S.A. de C.V.
Centeno núm. 162-1, colonia Granjas Esmeralda, Ciudad de México
Impreso en México – *Printed in Mexico*

Cada uno de nosotros lleva sobre sus espaldas el peso de parte de la sociedad, y nadie ha sido dispensado de su responsabilidad por los demás; nadie puede hallar una vía de escape para sí mismo si la sociedad se ve arrastrada a la destrucción. Por consiguiente cada uno, por su propio interés, debe participar vigorosamente en la batalla intelectual. Nadie puede permanecer indiferente; del resultado de esa lucha dependen los intereses de todos.

LUDWIG VON MISES

Nunca dudes de que un pequeño grupo de ciudadanos reflexivos y comprometidos puede cambiar el mundo; de hecho, es lo único que lo ha logrado.

MARGARET MEAD

PRÓLOGO

Este notable trabajo de Axel Kaiser y Gloria Álvarez es una contundente denuncia de un enemigo de los derechos y libertades de los ciudadanos: el populismo.

Visto desde España, el texto tiene un mérito adicional, porque socava el habitual paternalismo europeo a la hora de analizar América Latina, paternalismo merced al cual en Europa jamás aceptaríamos que alguien pretendiese cambiar la sociedad aquí sin democracia y a tiros, pero a muchos les fascina el Che Guevara... en Cuba. Es como si la distancia y el pintoresquismo mitigasen su vocación criminal y totalitaria.

Las páginas que siguen ponen el dedo en la llaga: no es verdad que el populismo sea una peculiaridad virtualmente genética y exclusiva de los latinoamericanos, derivada de un deficiente marco institucional y, por tanto, sin posibilidad alguna de enraizar en la vieja y civilizada Europa. Falso de toda falsedad: tenemos populistas en varios países europeos, y en España, para colmo, los tenemos apoltronados en el poder, en una meteórica carrera ascendente cuyo final no es posible prever. En cambio, en la supuestamente atrasada América Latina los pueblos hace poco han dado la espalda al populismo en países tan emblemáticamente asociados con él como Venezuela o la Argentina.

Nadie está vacunado contra el populismo. Incluso Chile, quizá la nación institucionalmente más sólida al sur del Río Grande, puede

perder los logros conquistados durante décadas por culpa de los socialistas, dispuestos a probar con Bachelet a la cabeza que, en efecto,
nunca segundas partes fueron buenas.

Otro tanto sucede con la izquierda en España, a la vez desconcer-
tada, golpeada y embelesada por unos populistas que en poco tiempo se han adueñado de cotas apreciables de poder político y tirón
mediático. La izquierda española no fue capaz ni de anticipar ni de
impedir este ascenso, y eso que el populismo no es más que una variedad del socialismo "de todos los partidos", como diría Hayek. Esto
queda probado por la cercanía de fascistas, comunistas, socialistas y
populistas, unidos por su prevención hacia la libertad, la propiedad
privada y los contratos voluntarios.

Pero el populismo tiene un atractivo que las otras ramas del anti-
liberalismo pueden poseer en menor grado o incluso perder casi por
completo. Por eso los populistas irrumpen cuando esas otras ramas
están alicaídas, por su ineficiencia o su corrupción. Esto es lo que
ha sucedido en España, donde muchas personas de izquierdas han
decidido votar por Podemos porque les pareció una opción más ilu-
sionante que el PSOE o IU. No es que sea algo muy diferente, porque
comparte con ellos una ideología que en el fondo sigue siendo co-
chambrosa y reaccionaria. Pero la forma de presentarla es seductora,
y solo basta recordar las consignas engañosas pero potentes de Pablo
Iglesias y sus secuaces, desde "contra la casta" hasta la última sim-
pleza de su fértil usina demagógica: "contra el Ibex 35", como si a
los españoles les arrebataran por la fuerza la libertad y el dinero las
entidades que cotizan en la Bolsa, y no los gobiernos.

Al principio, nuestros populistas, igual que en otros países, recu-
rrieron a métodos violentos, a mensajes radicales, y a una análoga-
mente vergonzosa complicidad con los peores regímenes del planeta,
como el iraní, el kirchnerista o el chavista. Una vez conquistadas cuotas de poder, empero, cambian el discurso, porque la mentira jamás
representa obstáculo ni suscita remordimiento, y ahora simulan ser
serenos estadistas, admiradores del euro y de la socialdemocracia nór-
dica. No es descartable que terminen abrazados al Fondo Monetario
Internacional, como su otrora idolatrado Tsipras. Nada es descartable
con los populistas, precisamente porque mienten sin pudor para con-

seguir su objetivo: el poder. Y si para eso hay que impedir a los gritos que Rosa Díez hable en la Universidad Complutense, o asaltar allí la capilla, o lagrimear en recuerdo de Hugo Chávez, o presentarse con maternal naturalidad y amamantar un niño en el mismo hemiciclo del Congreso de los Diputados, o venir al Parlamento en bicicleta, o ir en mangas de camisa a ver al Rey o de smoking a la fiesta del cine, pues se hace y ya está. Lo que no se hace nunca es perder el foco de las cámaras, porque para el populismo la imagen es cualquier cosa menos un accesorio; de ahí que Podemos haya luchado a brazo partido por conseguir sentarse en las primeras filas en el Congreso: tienen que estar ahí, para que los filmen.

Su permanente insistencia en que ellos son la gran novedad contrasta con el contenido de sus programas, recomendaciones y hasta funcionamiento político. Presumen de ser más demócratas que nadie, todo en ellos es "participación" y "consultar a las bases", pero funcionan como una pequeña camarilla despótica tan poderosa como implacable a la hora de fulminar a disidentes o competidores dentro de sus filas. Es decir, similares a los demás partidos políticos de los que dicen diferir de modo sustancial.

El abanico antiliberal que va desde los fascistas hasta los comunistas se siente atraído por el populismo, lo que se explica porque sus ideas son bastante parecidas. Es un mérito destacable de Axel Kaiser y Gloria Álvarez el que presten mucha atención a estas ideas, y que acertadamente las rastreen hasta la Ilustración más hostil al liberalismo, la del arrogante racionalismo europeo continental que presumió de saber más que los modestos ciudadanos y de poder reorganizar la sociedad de arriba abajo como si las personas fueran "piezas en un tablero de ajedrez", en palabras de Adam Smith. En ese soberbio empeño los derechos y libertades individuales siempre han debido subordinarse ante estandartes colectivistas. Nótese cómo los antiliberales hablan todo el rato de "derechos sociales", y jamás de los derechos concretos de las personas concretas. Como apunta Guy Sorman: "El populismo es obligatoriamente antiliberal, ya que el liberalismo cree que la sociedad se basa en la libre asociación de ciudadanos".

Este libro subraya la responsabilidad de intelectuales, políticos y organismos internacionales en la difusión de las nociones contrarias a la libertad, desde Raúl Prebisch y la Cepal hasta los teóricos de la dependencia. Sus mensajes no eran tan solventes técnicamente como sugestivos políticamente, tanto para muchos ciudadanos como para grupos de presión no competitivos, que siempre buscan el amparo del poder. A dichos grupos les convino el absurdo proteccionismo de la "sustitución de importaciones" en América Latina, como les conviene ahora el cierre de mercados que propugnan tanto Podemos como Marine Le Pen, lo que demuestra una vez más las concomitancias de los totalitarios de cualquier laya. Con razón se llama en este libro "fascipopulistas" a Iglesias y sus compañeros.

Así como los economistas populistas recurren a las aparentemente científicas teorías neoclásicas sobre los fallos del mercado y los bienes públicos, como si justificaran de por sí cualquier expansión del poder, los admirados líderes —el populismo padece el culto a la personalidad en un grado incluso mayor que el de las otras variantes antiliberales— se dedican en cuerpo y alma a la propaganda, con gran impacto entre la profesión periodística, y procuran intoxicar a la población con etiquetas a menudo brillantes pero también simplistas, que siguen el patrón clásico del intervencionismo. Así, todo lo que huela a libertad o a menos opresión política es demonizado como peligroso y desalmado "neoliberalismo", a la vez que se presenta al ciudadano como víctima de las empresas, y no de las autoridades, como si a los españoles nos cobrara impuestos Zara y no la Agencia Tributaria. El mensaje es una y otra vez el de Eduardo Galeano y su exitoso bodrio *Las venas abiertas de América Latina*, del cual incluso él se arrepintió, demasiado tarde. El capitalismo es el mal, y el bien es el Estado, cuya crueldad solo deberá dirigirse hacia un minúsculo 1% de la población, que será expropiado en beneficio del populoso 99% restante. Esta idea, por cierto, es tan antigua como *El capital* de Marx, donde se afirma que el socialismo será fácil de implantar porque consistirá en que la masa del pueblo expropie a un puñado de usurpadores. Basta con eso para lograr, como diría Mario Vargas Llosa, "el paraíso en la otra esquina".

Axel Kaiser y Gloria Álvarez denuncian todos estos fuegos fatuos con sus trampas retóricas y su neolengua, que hemos visto difundidas en España por parte de la izquierda, como la meta angelical de "blindar los derechos sociales", que en realidad significa "legitimar al poder para arrasar con los derechos individuales", o como las perpetuas "luchas" de muchos caraduras que no tienen ni idea de lo que es ganarse la vida, o como la soberbia de creerse la mayoría del pueblo, fabulosa estafa que se remonta a los bolcheviques y llega hasta las "mareas" y los "movimientos sociales". Como economista he disfrutado con el truco de Juan Carlos Monedero, que llama "empresas de producción social" a las empresas estatales o públicas de toda la vida, que el poder obliga al pueblo a pagar y que manejan privadamente sus genuinos propietarios, que son los políticos, los burócratas y mafias diversas de grupos de presión, empezando por los sindicatos.

No olvidan los autores el papel de la Iglesia católica, cuyo populismo no comenzó con el papa Francisco, pero a la vez reivindican el importante peso de esa misma Iglesia en el pensamiento contrario. En efecto, una fuente crucial del liberalismo fueron unos destacados religiosos católicos, los escolásticos españoles, grandes pensadores del siglo XVI, entre los que se cuenta el también jesuita Juan de Mariana.

La historia no está escrita y España no tiene por qué padecer eternamente el protagonismo de los populistas, como tampoco está condenada América Latina —de hecho, en América parece que esos vientos soplan ahora en el norte del continente. Los amigos de la libertad podemos hacerles frente redoblando la crítica a las medidas recomendadas por los populistas, señalando su carácter ilusorio, porque pretenden resolver problemas cuando en la práctica su propio intervencionismo los agrava. Hay abundantes pruebas de que el desenlace de las políticas intervencionistas propugnadas por el populismo es el contrario de lo que proclaman: pobreza, paro, desabastecimiento, inflación, corrupción, privilegios políticos y recorte de derechos y libertades del pueblo. Cabe aplicarles lo que dijo Churchill de los socialistas: no son abejas, porque estas al menos producen miel, sino termitas.

Axel Kaiser y Gloria Álvarez denuncian con destreza desde su título mismo que el populismo es un engaño. En efecto, sus líderes han probado ser mitómanos, genuinos pseudólogos que convierten la mendacidad en un arte, como diría Swift/Arbuthnot. Parecen seguir fielmente los consejos de Maquiavelo: "Tener habilidad para fingir y disimular… Puedes parecer manso, fiel, humano, religioso, leal, y aun serlo; pero es menester retener tu alma en tanto acuerdo con tu espíritu, que, en caso necesario, sepas variar de un modo contrario". Los jefes populistas han demostrado su descaro a la hora de efectuar proclamaciones contradictorias con aún menos rubor que los políticos tradicionales.

Una vez le pregunté a Karl Popper por qué se había hecho comunista y por qué había abandonado el comunismo. Sus respuestas ilustran el propósito de este excelente libro, al apuntar a la falsa primacía ética de los populistas y a la realidad de sus desastrosos resultados. Me dijo que se había hecho comunista porque le pareció que era un imperativo moral. Y que había dejado de serlo cuando comprobó que los comunistas eran muy mentirosos.

CARLOS RODRÍGUEZ BRAUN

PREFACIO

¿Emigrar de Latinoamérica?

En 1830, poco antes de morir, Simón Bolívar escribiría lo siguiente en una carta a su lugarteniente, el general Juan José Flores:

> Como Vd. sabe, yo he mandado veinte años y de ellos no he sacado más que pocos resultados ciertos: 1) La América es ingobernable para nosotros. 2) El que sirve una revolución ara en el mar. 3) La única cosa que se puede hacer en América es emigrar. 4) Este país caerá infaliblemente en manos de la multitud desenfrenada, para después pasar a tiranuelos casi imperceptibles, de todos colores y razas. 5) Devorados por todos los crímenes y extinguidos por la ferocidad, los europeos no se dignarán conquistarnos. 6) Si fuera posible que una parte del mundo volviera al caos primitivo, este sería el último período de la América[1].

Así, el gran libertador de América, cuyo nombre e imagen ha sido probablemente la más desvirtuada de la historia latinoamericana, se despedía de este mundo, frustrado, casi al borde de la depresión y profetizando que América Latina no tenía otro destino que el gobierno de tiranos y criminales que harían imposible a la región avanzar, a tal punto que lo único que se podía hacer era "emigrar". La tradición populista del caudillo, que no respeta las instituciones —del "tiranuelo", como dice Bolívar—, la falta de gobernabilidad y la búsqueda por construir todo desde cero, han sido características recurrentes del

---

1 Carta disponible en: http://digital.csic.es/bitstream/10261/28362/1/BolivarPen.pdf Última visita: 25-10-2015.

panorama latinoamericano desde que el prócer caraqueño escribiera esas líneas hasta hoy. Ha habido, por cierto, periodos mejores en diversos países, pero, en general, el mal caudillista y refundacional que Bolívar advirtió en su tiempo sigue penando como un fantasma hasta el día de hoy. Por eso, todos los días, miles de latinoamericanos deciden abandonar sus países, dejando atrás a sus familias y hogares para emigrar a los Estados Unidos u otras naciones más prósperas. Buscan sociedades donde puedan perseguir un futuro sin temor a ser asesinados o a quedar condenados a la pobreza, o a tener que conformarse con servicios de salud y educación miserables y a ser regidos por gobiernos ineptos y corruptos que los explotan en su beneficio.

Si Bolívar viviera hoy y pudiera ver lo que ha ocurrido en Venezuela, Argentina, Bolivia, Ecuador, Brasil, Nicaragua, Cuba y Centroamérica, y constatara cómo la región por la que dio su vida se encuentra todavía a galaxias de distancia de los países desarrollados, su depresión probablemente lo llevaría al psiquiatra. A pesar de ciertos avances y señales esperanzadoras, el panorama general de la región es, en estos tiempos, desolador. El nivel de idiotez, para usar el concepto de Álvaro Vargas Llosa, Plinio Apuleyo Mendoza y Carlos Alberto Montaner[2], parece haberse incrementado en muchas partes a pesar de todas las pruebas de que el populismo, sea de derecha o de izquierda, es un rotundo fracaso. Incluso un país que parecía haber superado ese problema, como es el caso de Chile, está volviendo a viejas recetas populistas fracasadas, emulando el deprimente camino de su vecina Argentina.

A pesar de todo lo anterior, quienes creemos en la libertad no aceptamos el determinismo. No creemos que haya algo así como un destino inevitable y fatal para los latinoamericanos, ni para los españoles. No creemos estar condenados a la idiotez y al populismo. Tampoco fue un destino inevitable la prosperidad actual de los países ricos ni será el destino lo que les mantendrá en ese pedestal. Si algo nos enseña la historia es que esta no está predeterminada, como pensaba Marx, sino que es el resultado de la actividad libre de

---

2 Álvaro Vargas Llosa, Plinio Apuleyo Mendoza y Carlos Alberto Montaner, *El manual del perfecto idiota latinoamericano*, Atlántida, Barcelona, 1996.

los seres humanos. Basta ver, por ejemplo, el desarrollo de los últimos cincuenta años en países asiáticos tradicionalmente pobres, y el de las últimas dos décadas de aquellos de los países que, hoy libres del yugo soviético y de regímenes comunistas, avanzan a un ritmo arrollador. Es por lo mismo que solo de nosotros dependerá salir adelante y aprovechar las ventajas naturales que tenemos para lograrlo. No somos intrínsecamente inferiores, y si estamos mal en tantos frentes es porque no hemos hecho los esfuerzos suficientes para dejar atrás el engaño populista que nos ha condenado al fracaso y a la tiranía una y otra vez.

Quienes escribimos este libro pertenecemos a una nueva generación que, gracias a la tecnología, la globalización, el acceso universal a la información y a nuestra total convicción de que es posible salir adelante, ha asumido un desafío: hacer un aporte para probar que el pesimismo de Bolívar sobre la región no es condenatorio y que su situación puede revertirse. Las herramientas que el mundo está aportando a la nueva generación de latinoamericanos y españoles y que nos permiten ser capaces de desafiar el "peso de la historia", aprender de nuestros errores y recorrer una nueva ruta no tienen precedente. Es posible crear una realidad donde no sea necesario ni deseable emigrar de América Latina o temer por el futuro de España y donde podamos rescatar nuestros países de la mediocridad, la tiranía y la miseria que, en diversos grados, han generado o podrían generar los Chávez, Castro, Kirchner, Lula, Correa, Ortega, Iglesias, Morales, Maduro, López Obrador, Bachelet, Rousseff y tantos otros que nos han puesto bajo el engaño populista. No es inevitable que ese tipo de líderes, u otros como Fujimori en el Perú y Menem en Argentina, que no pertenecen a la tradición de izquierda pero sí a la populista, lleguen al poder y arruinen nuestros países. Si efectivamente creyéramos que nada se puede hacer al respecto, como llegó a pensar Bolívar, entonces sí que tendríamos que emigrar.

Por supuesto que no queremos pecar de ingenuos y asumir que el drama latinoamericano —y ahora español— con el populismo no tiene causas muy profundas y más complejas de lo que cualquier libro o análisis pudiera llegar a explicar. Tampoco es este un tratado sobre populismo que pretenda abarcar el fenómeno en toda su complejidad, variedad y multitud de dimensiones, por lo que necesariamente será un esfuerzo muy incompleto. Como tal, se limitará a las formas más duras de populismo y a una de las tantas dimensiones que presenta este fenómeno y que a nuestro juicio no se encuentra lo suficientemente subrayada en las discusiones sobre la materia. Nos referimos al populismo como producto intelectual. Con ello buscamos llamar la atención sobre el hecho de que las ideas, las ideologías y la hegemonía cultural que construyen intelectuales y líderes de opinión son nutrientes fundamentales del populismo. Por lo mismo, las ideas y la cultura son un instrumento esencial para derrotarlo. En otras palabras, la forma de vencer al populismo, creemos, pasa esencialmente por tener el coraje de ser persistentes en la batalla de las ideas, pues como insistió el nobel de economía F. A. Hayek, son las ideas las que en última instancia definen la evolución social, económica y política de las naciones[3].

Este libro surge, entonces, con el fin de convocar a todos los latinoamericanos y españoles que quieran vivir en sociedades pacíficas, con oportunidades y espacios reales de libertad, a sumarse a los esfuerzos por cambiar las cosas otorgando la debida importancia al mundo de las ideas y siguiendo el camino de la República constitucional o liberal. Sabemos que el concepto de República es impreciso y tiene variadas lecturas. En España se asocia precisamente con aquello que pretendemos superar y que son las ideas populistas y socialistas. El ideal de la República de Platón, en tanto, era uno de tipo totalitario, mientras que los marxistas chinos llaman a su dictadura República Popular China. Pero el hecho de que un concepto se haya desvirtuado no debe ser razón para no luchar por recuperarlo. Nuestra idea de República incluye, por decirlo de una manera poética, muchos reinos, pero no aquellos en que no priman la libertad individual, el Estado de derecho, un grado aceptable de honestidad política, la tolerancia, la economía libre y otros valores esenciales para una vida social próspera y en paz. Cuando hablamos de República nos referimos entonces a un republicanismo liberal y constitucional, cercano pero

---

3   Friedrich Hayek, *The Constitution of Liberty*, Routledge, Abingdon, 2006, p. 98.

no igual al que inspiró a los padres fundadores de Estados Unidos. Se trata de una propuesta donde prevalece el imperio de la ley para hacer respetar los derechos individuales a la vida, la propiedad y la libertad de todos y cada uno, sin excepciones, limitando severamente el poder de mayorías circunstanciales de aplastar esos derechos.

Los autores de este libro llevamos años en América Latina y en nuestros respectivos países —Guatemala y Chile— promoviendo la dignidad de las personas y motivando a otros a unirse a esta causa, la más noble que haya conocido la humanidad. En nuestros esfuerzos resuena el eco de la esperanza sembrada hace ya más de un siglo y medio por el famoso historiador británico Lord Acton, quien observó que la libertad en todos los tiempos había sido obra de minorías[4]. Y se trata precisamente de minorías con vocación de mayorías, dispuestas incluso a arriesgar la vida por defender sus países de la tentación populista y totalitaria, lo que hemos podido observar en nuestros viajes. En todos lados surgen cada vez más voces y grupos dispuestos a resistir la maldición populista, la corrupción y la decadencia, y a exigir una vida digna, es decir, sin pobreza, inseguridad, corrupción y temor, todos problemas que el populista promete resolver para solo terminar agravándolos.

Es cierto que también la población tiene su cuota de responsabilidad en que este tipo de gobernantes llegue al poder y lo ejerza de manera abusiva y corrupta. Pero la desinformación es cada vez menos costosa de combatir. Precisamente por el acceso a nuevas tecnologías de la información y a las redes sociales, la conciencia de ciudadanía como una condición que implica derechos a la vida, libertad y propiedad, ha llevado a cada vez más personas a decir: ¡basta ya! Un esfuerzo bien articulado, con claridad de ideas, con nueva energía y donde los protagonistas sean sobre todo las nuevas generaciones puede cambiar la cara de América Latina en el siglo XXI, llevándonos del ruinoso populismo que nos ha caracterizado a la idea de república liberal como un nuevo tipo de organización social que por fin dará a los latinoamericanos buenas razones para ser optimistas sobre su futuro.

---

4 John Emerich Edward Dalberg-Acton, *The History of Freedom and Other Essays,* Benediction Classics, Oxford, 2012, p. 23.

Entendiendo que el camino es largo y muy exigente, este libro pretende contribuir a trazar un nuevo proyecto bajo la convicción de que es la responsabilidad de todos —sin excepción, como dijo el gran economista Ludwig von Mises— evitar que nuestras sociedades avancen por el camino de la decadencia y la destrucción[5]. Por lo mismo, dedicamos este trabajo a todas las personas que en Iberoamérica luchan a diario por mejorar sus vidas con pasión, una sonrisa en el rostro y trabajo duro. Como ellos, todos debemos preguntarnos qué hacer para que nuestros países sean lugares dignos para vivir y actuar en consecuencia. En lo que a los autores de este libro respecta, compartimos una profunda fe en la capacidad de salir adelante de los latinoamericanos. Y creemos, como dijo Margaret Mead, que jamás debe subestimarse el poder que una minoría comprometida tiene para cambiar el mundo.

AXEL KAISER
GLORIA ÁLVAREZ

---

5 Ludwig von Mises, *Socialismo*, Centro de Estudios Sobre la Libertad, Buenos Aires, 1968, p. 535.

CAPÍTULO I

ANATOMÍA
DE LA MENTALIDAD POPULISTA

El populismo ha sido un mal endémico de América Latina.
El líder populista arenga al pueblo contra el "no pueblo", anuncia el
amanecer de la historia, promete el cielo en la tierra. Cuando llega
al poder, micrófono en mano decreta la verdad oficial, desquicia la
economía, azuza el odio de clases, mantiene a las masas en continua
movilización, desdeña los parlamentos, manipula las elecciones,
acota las libertades.

ENRIQUE KRAUZE

Existen al menos cinco desviaciones que configuran la mentalidad populista y que es necesario analizar para entender el engaño que debemos enfrentar y superar. La primera es un desprecio por la libertad individual y una correspondiente idolatría por el Estado, lo que emparenta a nuestros populistas socialistas con populistas totalitarios como Hitler y Mussolini. La segunda es el complejo de víctima, según el cual todos nuestros males han sido siempre culpa de otros menos de nuestra propia incapacidad por desarrollar instituciones que nos permitan salir adelante. La tercera, relacionada con la anterior, es la paranoia anti "neoliberal", según la cual el "neoliberalismo" —o cualquier cosa relacionada con el libre mercado— es el origen último de nuestra miseria. La cuarta es la pretensión democrática con la que el populismo se viste para intentar darle legitimidad a su proyecto de concentración del poder. La quinta es la obsesión igualitarista, que se utiliza como pretexto para incrementar el poder del Estado y, así, enriquecer al grupo político en el poder a expensas de las poblaciones, beneficiando también a los amigos del populista y abriendo las puertas de par en par a una desatada corrupción. Veamos en qué consiste cada una de ellas.

El odio a la libertad y la idolatría hacia el Estado

Aunque el concepto "populismo" es muy confuso, en términos generales, podemos decir que consiste en una descomposición profunda que parte a nivel mental y se proyecta a nivel cultural, institucional, económico y político. En la mentalidad populista se espera siempre de otro la solución a los problemas propios, pues se hace siempre a otro responsable de ellos. Es la lógica del recibir sin dar y es ante todo la cultura de que el gobierno debe cumplir el rol de providente y encargado de satisfacer todas las necesidades humanas imaginables.

Políticamente, el populismo suele encarnarse en el líder carismático, un redentor que viene a rescatar a los sufrientes y asegurarles un espacio de dignidad en el nuevo paraíso que este creará. Esto es particularmente notorio en el caso del "socialismo del siglo XXI". El populista lleva a cabo su programa utilizando las categorías de "pueblo" y "antipueblo". Él dice encarnar al "pueblo" y, por tanto, quien esté en contra de sus pretensiones está siempre, por definición, en contra del "pueblo" y del lado del "antipueblo", lo que significa que debe ser marginado o eliminado.

La figura populista, por la idea de hacerse cargo de la vida del "pueblo", fomenta el odio en la sociedad dividiéndola entre buenos y malos. Ya decía el Che Guevara en su mensaje a través de la *Tricontinental* en 1967: "El odio como factor de lucha; el odio intransigente al enemigo, que impulsa más allá de las limitaciones naturales del ser humano y lo convierte en una efectiva, violenta, selectiva y fría máquina de matar. Nuestros soldados tienen que ser así; un pueblo sin odio no puede triunfar sobre un enemigo brutal"[1]. Cuando Guevara planteaba esta idea se refería por cierto a la revolución violenta marxista. Pero, en lo fundamental, la estrategia del populismo socialista no ha cambiado, siendo la inserción de odio en la sociedad el primer paso.

El segundo consiste en eliminar la libertad económica anulando lo más posible el derecho de cada individuo a gozar del fruto de su trabajo. Las expresiones concretas de la política económica y social del populista, ya sea de derecha o de izquierda, son conocidas: un Estado gigantesco que se mete y controla todo; masiva redistribución de riqueza a través de altísimos impuestos y regulaciones que obligan a los privados a asumir roles fiscalizadores más otros que no les corresponden. Sumemos altas tasas de inflación producto de la monetización del gasto estatal; controles de capitales para evitar que los dólares se vayan del país; discrecionalidad de la autoridad en todo orden de asuntos económicos, lo que implica la desaparición del Estado de derecho; burocracias gigantescas e ineficientes; deuda estatal creciente: caída de la inversión privada; incremento de desempleo: corrupción galopante; aumento del riesgo país; deterioro del derecho de propiedad y de la seguridad pública; privilegios especiales a grupos de interés asociados al poder político y creación de empresas estatales totalmente ineficientes.

Ahora bien, el motor último del populista, que lleva al cultivo del odio y a la destrucción del Estado de derecho, es un desprecio total por la libertad y las instituciones que la resguardan, anclada en una adoración febril del poder del Estado. La mentalidad populista es liberticida. Es improbable ver a un líder populista diciendo que va a privatizar empresas estatales, que va garantizar la independencia del banco central y la prensa, que va a reducir impuestos, que va a reducir el gasto estatal o que va a recortar beneficios a la población para estabilizar las cuentas fiscales. Tampoco se ha visto a un populista

---

1 Ernesto Che Guevara, "Crear dos, tres, muchos Vietnam", Mensaje a los pueblos del mundo a través de la *Tricontinental,* órgano del Secretariado Ejecutivo de la Organización de Solidaridad de los Pueblos de África, Asia y América Latina (Ospaaal), La Habana, Cuba, el 16 de abril de 1967. Disponible en: https://www.marxists.org/espanol/guevara/04_67.htm Última visita: 25-10-2015.

expandir el espacio de libertad civil y cultural de las personas ni re-
conocer la individualidad de ellas. Al contrario, las diluye en la masa
y las desconoce, homogeneizándolas y valorándolas solo como parte
de la muchedumbre. Las promesas siempre son todo lo contrario: utilizar el aparataje del poder estatal para supuestamente elevar al "pueblo" a un mayor nivel de bienestar mediante regalos y prebendas de
distinto tipo. Por eso debe terminarse, por ejemplo, con la independencia de la banca central, pues esta es una idea "neoliberal"; deben
estatizarse las empresas, al menos las más importantes como aquellas en el área de los recursos naturales y energéticos; deben subirse
dramáticamente los impuestos y desarrollar una red asistencialista
gigantesca que tenga a millones de personas dependiendo del Estado.
El populismo clásico es siempre estatista porque basa su proyecto en
un eje redistributivo radical. Como explicaran los profesores Andrés
Benavente y Julio Cirino en su estudio sobre la materia, "el populismo clásico es estatista, pues supone un Estado sobredimensionado
con cuyos recursos realiza su labor redistributiva"[2].

Nada de lo anterior es un fenómeno exclusivamente latinoamericano, por cierto. El nazismo alemán y el fascismo italiano, por ejemplo,
aunque con un núcleo ideológico más depurado y otras importantes
diferencias con lo que hemos visto en nuestra región, también fueron
movimientos populistas que hicieron del odio a la libertad individual
y la adoración del Estado su propulsor fundamental. Lo cierto es que,
más allá de la complejidad de las comparaciones, ideológicamente
gente como Mussolini, Hitler, Stalin y Mao estuvieron en la misma
trayectoria de un Chávez, Perón, Castro, Iglesias, Allende, Maduro,
Morales, Correa, López Obrador, Kirchner y Bachelet en su segundo
gobierno, en el cual implementó un programa refundacional con el
objetivo de terminar el exitoso sistema de libertades prevaleciente
por mas de tres décadas. Guardando las distancias históricas y culturales, el elemento ideológico antiliberal, antindividualista y anticapitalista radical fue tan de la esencia del nazismo y del fascismo
como lo es del socialismo populista del pasado y del socialismo del

---

2 Andrés Benavente y Julio Cirino, *La democracia defraudada*, Grito
Sagrado, Buenos Aires, 2005, p. 41.

siglo XXI promovido por Chávez y sus seguidores latinoamericanos y europeos en general. Si el Che Guevara, el héroe máximo de los populistas socialistas actuales, dijo que los comunistas debían pensar como "masa" rechazando el individualismo[3], Benito Mussolini en su articulo titulado *La doctrina del fascismo* diría lo siguiente:

> Anti individualista, la concepción fascista de la vida destaca la importancia del Estado y acepta el individuo solo en la medida en que sus intereses coinciden con los del Estado...Es opuesto al liberalismo clásico que surgió como reacción al absolutismo y agotó su función histórica cuando el Estado se convirtió en expresión de la consciencia y voluntad del pueblo. El liberalismo negó al Estado en nombre del individuo; el fascismo lo reafirma[4].

Y Hitler diría:

> Somos socialistas, somos enemigos a muerte del sistema económico capitalista actual porque explota al económicamente débil con sus salarios injustos, con su valoración del ser humano de acuerdo a la riqueza y la propiedad... y estamos determinados a destruir ese sistema bajo toda circunstancia[5].

Sin ir más lejos, el programa de gobierno del partido nazi en Alemania no tenía en materia social y económica mucha diferencia con lo que nuestros populistas socialistas en general demandan. Así, por ejemplo, los socialistas nacionalistas liderados por Hitler demandaban en su programa de 25 puntos que "el Estado debe asegurar que todo ciudadano tenga la posibilidad de vivir decentemente y ganarse la vida"[6]. Acto seguido proponía "abolir todo el ingreso que no se

---

3 Ernesto Che Guevara, Discurso en la conmemoración del segundo aniversario de la integración de las Organizaciones Juveniles, celebrada el 20 de octubre de 1962. Disponible en: http://archivo.juventudes.org/textos/Jovenes%20Clasicos/Discursos%20a%20la%20juventud.pdf Última visita: 25-11-2015.

4 Benito Mussollini, *The Doctrine of Fascism*, 1932. Disponible en: https://archive.org/details/DoctrineOfFascism Última visita: 25-11-2015.

5 Hermann Roth, *Die Nationalsozialistische Betriebszellenorganisation, von der Gründung biz zur Röhm- Affäre* (1928 bis 1934), p. 51. Disponible en: http://www.digitalis.uni-koeln.de/JWG/jwg_75_49-57.pdf Última visita: 25-12-2015.

6 Program of the National Socialist German Workers' Party, Disponible en: http://avalon.law.yale.edu/imt/nsdappro.asp Última visita: 25-10-2015.

derivara del trabajo" con el fin de "romper la esclavitud del interés", "nacionalizar todos los fideicomisos", aumentar las jubilaciones, hacer una reforma agraria para redistribuir la tierra y establecer un sistema de educación gratuito controlado totalmente por el Estado, entre otras medidas estatistas y redistributivas[7]. Es casi como si los socialistas del siglo XXI y todos sus seguidores intelectuales y políticos hubieran hecho *copy-paste* de las ideas de Hitler y Mussolini. ¿Cómo se explica esto? La razón es que el fascismo y el nazismo son doctrinas colectivistas inspiradas en buena medida en el socialismo marxista. Ambas reclaman defender al "pueblo" de los abusos de las oligarquías nacionales y extranjeras. De este modo, como los socialistas del siglo XXI, nazis y fascistas detestan la libertad individual reivindicando un rol casi absoluto del Estado, es decir, del partido y del líder en nombre de los trabajadores y del "pueblo".

Lenin, Stalin, Hitler, Chávez, Mao, Mussolini y Castro, por nombrar algunos, son, en esencia, representantes de la misma ideología totalitaria. De hecho la sigla NSDAP del partido nazi era una abreviación del Partido Nacionalsocialista Obrero Alemán (*Nationalsozialistische Deutsche Arbeiterpartei*). Y Mussolini militó en el partido socialista italiano antes de fundar su propio movimiento. Así las cosas, más allá de todas las demás diferencias, los populismos que llevaron a Europa a la ruina son primos hermanos, no solo del socialismo marxista sino también de los populismos socialistas que han condenado a la miseria a América Latina. En su famoso estudio sobre el fascismo, Stanley Payne advirtió que si bien existían diferencias entre los diversos movimientos fascistas de otras regiones respecto a los europeos, había al menos cinco características genéricas que compartían todos ellos: 1) autoritarismo nacionalista permanente de partido único; 2) principio de jefatura carismática; 3) ideología etnicista; 4) sistema estatal autoritario y economía corporativista, sindicalista o socialista parcial; y 5) activismo voluntarista[8]. Como es claro, el socialismo del siglo XXI, aunque se ha manifestado con distintos énfasis en los diferentes países, en general reúne las características descritas al menos a nivel de

---

7   Idem.
8   Stanley Payne, *El fascismo*, Alianza, Madrid, 1982, p. 214.

objetivo. Si algunos no han conseguido un régimen de partido único es porque la oposición no lo ha hecho posible, pero no cabe duda de que si pudieran consagrarlo lo harían.

La idea de que nuestros socialistas del siglo XXI, herederos de Fidel Castro y luego de Hugo Chávez, se encuentran emparentados con el fascismo ha sido elaborada de la mejor manera por el intelectual Juan Claudio Lechín en su interesante libro *Las máscaras del fascismo*. En él, Lechín muestra que si se realiza un estudio comparativo en términos de procedimientos políticos, discursivos y mecanismos de concentración de poder entre Chávez, Castro, Morales, Mussolini, Franco y Hitler, se constata que todos ellos pueden ser considerados fascistas. Lechín desarrolla lo que denomina el *Índice Facho*, compuesto por doce elementos que vale la pena reproducir para entender cómo nuestros líderes del socialismo del siglo XXI se emparentan con tiranos europeos.

El caudillo fascista, según Lechín, es mesiánico, carismático y de origen plebeyo; su brazo son grupos de choque militares o paramilitares; su lengua, la de la propaganda política; su fe, la fantasía redentora; su oído, servicios de inteligencia y soplones; busca la refundación de la patria y la reforma constitucional; destruye las instituciones liberales; es antiliberal y antinorteamericano; logra que él sea identificado con el partido, el partido con el Estado, el Estado con la nación, esta con la patria, la patria con el pueblo y el pueblo con la historia épica. El pueblo es adepto al caudillo, el caudillo se perpetúa en el poder y promueve valores medievales como el coraje militar[9]. Estos son, explica Lechín, los elementos centrales del fascismo y se aplican a personajes como Castro, Mao Zedong y Stalin, cuyos métodos fueron idénticos a los de Hitler. La reflexión de Lechín es importante porque además de dejar claro que nuestros populistas son de tradición fascista, de una vez plantea algo que ya diversos historiadores y pensadores han señalado: la identidad entre la doctrina marxista o comunista y el socialismo nacionalista o fascismo. Dice Lechín:

---

9 Juan Claudio Lechín, *Las máscaras del fascismo,* Plural, La Paz, 2015, p. 32.

La diferencia más grande entre nazi-fascismo y comunismo soviético es que unos fueron derrotados en la Segunda Guerra Mundial y el otro no. De ahí en adelante, la propaganda comunista fabricó diferencias irreconciliables aunque inexistentes con el fin de liberarse de toda asociación con el barco hundido y de poder seguir vendiendo la fantasía ideológica en un mundo por conquistar[10].

Lechín deja en evidencia así uno de los tantos mitos que ha construido la izquierda mundial, según el cual esta no es fascista, cuando la verdad es que ambas doctrinas, como dice el autor, aplican el mismo modelo político aunque su impacto, discurso y estilo sean distintos[11]. Esta, por cierto, no es solo una tesis de Lechín. El prestigioso intelectual francés Jean-François Revel, un excomunista converso, explicó en su ensayo sobre la supervivencia de la utopía socialista exactamente lo mismo. Según Revel, el comunismo y el nazismo son ideologías hermanas a tal punto que el nazismo es el heredero ideológico del comunismo. Revel recuerda que el mismo Hitler confesó en una oportunidad qué él era el "realizador del marxismo" y que era un profundo conocedor de la obra de Marx[12]. Hitler agregaría:

> No voy a ocultar que he aprendido mucho del marxismo... Lo que me ha interesado e instruido de los marxistas son sus métodos... Todo el nacionalsocialismo está contenido en él... las sociedades obreras de gimnasia, las células de empresa, los desfiles masivos, los folletos de propaganda redactados especialmente para ser comprendidos por las masas. Todos estos métodos nuevos de lucha política fueron inventados por los marxistas. No he necesitado más que apropiármelos y desarrollarlos para procurarme el instrumento que necesitábamos[13].

Según explica Revel, la parentela ideológica del marxismo con el nazismo va tan lejos que incluso el antisemitismo de los nazis fue en buena medida heredado del marxismo. Hitler conocía a la perfección el famoso *Ensayo sobre la cuestión judía,* escrito por Marx en el que el filósofo daba rienda suelta a su odio contra los judíos. De hecho,

---

10   Ibid., p. 38.
11   Ibid., p. 39.
12   Jean François Revel, *La gran mascarada*, Taurus, Madrid, 2000, p. 112.
13   Idem.

Hitler prácticamente plagió pasajes de ese ensayo en su infame libro *Mein Kampf*[14].

Siguiendo esta línea de análisis, el premio nobel de economía Friedrich von Hayek, quien también fue socialista en su juventud, advirtió al público europeo que nazismo y comunismo eran finalmente la misma cosa. Escribiendo en la época de Hitler, Hayek explicó que el conflicto entre derecha nacionalsocialista e izquierda marxista era en realidad un conflicto "entre facciones rivales" que tenían idéntica naturaleza ideológica[15]. Ambos —y esto es lo relevante— detestaban el liberalismo individualista anglosajón y el capitalismo que este engendraba. Lechín, analizando los regímenes de Castro, Morales y Chávez, llega a la misma conclusión que Hayek: que el fascismo no es un asunto de derecha o izquierda, sino una cruda estratagema para lograr el máximo control del poder posible con el fin de destruir las instituciones liberales[16].

Queda claro entonces que el socialismo del siglo XXI y nuestros populistas socialistas en general no son más que una proyección de ideologías fascistas/socialistas que detestan la libertad, adoran el Estado y buscan incrementar su poder para aniquilar el espacio del individuo mediante la destrucción de las instituciones políticas y económicas liberales. La oposición que la izquierda mundial ha fabricado entre fascismo y socialismo, y que se sigue al pie de la letra en América Latina y España, no pasa de ser un constructo artificial para negar lo evidente: que a pesar de las diferencias retóricas, socialistas y fascistas comparten motivaciones, métodos, orígenes intelectuales y fines muy similares y a veces idénticos.

El complejo de víctimas

Un rasgo esencial de la mentalidad populista ha sido siempre —y continúa siendo— el culpar de todos los males de la sociedad a otros: a los ricos, a los gringos, al capitalismo o la CIA. Difícilmente un líder latinoamericano o europeo populista dirá: "En realidad hemos

---

14 Ibid., p. 116.
15 Friedrich Hayek, *Camino de Servidumbre*, Alianza, Madrid, 1985, p. 35.
16 Lechín, p. 39.

fracasado en resolver nuestros problemas porque no hemos sido capaces de crear las instituciones que nos saquen adelante". Como hemos dicho, el líder populista fomenta sobre esa base el odio de clases y el resentimiento en contra de algún supuesto enemigo interno y/o externo que conspira para mantenernos en la pobreza y el subdesarrollo. En pocas palabras, siempre somos víctimas y por tanto necesitamos de un "salvador" que ponga fin a la conspiración conjunta de las oligarquías nacionales y los perversos intereses capitalistas internacionales.

Lo interesante es que nada de este complejo de víctima que nos caracteriza es nuevo, ni siquiera es un invento propiamente latinoamericano. En realidad es un engendro europeo y partió hace ya varios siglos. Quien mejor explicó el origen de este mito fue el gran intelectual venezolano Carlos Rangel en su extraordinario libro *Del buen salvaje al buen revolucionario*. En esa obra, Rangel nos advirtió que en la época del descubrimiento, se creía que Dios no había destruido el paraíso sobre la Tierra y que este se encontraba en alguna isla o lugar perdido en el mundo[17]. Este lugar estaría poblado de buenos salvajes, es decir, de seres humanos no corrompidos. El "buen salvaje" sería un hombre en estado puro de inocencia, viviendo en total armonía con la naturaleza y con los demás en comunidades donde no había ricos ni pobres ni autoridad política alguna. Para que usted se haga una idea sobre la popularidad de este mito en Europa, veamos lo que un escritor del calibre del francés Michel de Montaigne sostenía en el siglo XVI sobre cómo era el buen salvaje que supuestamente habitaba América. Según Montaigne, los nativos americanos no tenían "conocimiento ni de las letras, ni de la ciencia, ni de los números", ni reconocerían "magistrados o superioridad política". Tampoco habría "riqueza ni pobreza, ni contratos, ni sucesiones, ni dividendos, ni propiedades, ni empleos... ni ropa, ni agricultura, ni metal, ni uso de maíz o vino"[18]. En este estado, cercano a la república perfecta para Montaigne, "las palabras que significan mentira, traición, disimulo,

---

17   Carlos Rangel, *Del buen salvaje al buen revolucionario*, Monte Ávila Editores, Caracas, 1982, pp. 31 ss.
18   Michel de Montaigne, *Essays of Montaigne, vol. 2,* trans. Charles Cotton, revised by William Carew Hazlett, Edwin C. Hill, New York 1910, p. 67.

avaricia, envidia, retractación y perdón jamás las han oído"[19]. Los europeos, en cambio, según Montaigne, habían ya degenerado sus virtudes naturales para acomodarlas a su "corrompido paladar"[20]. El mismo Montaigne es responsable de la propagación de uno de los mitos más destructivos y persistentes de la historia y que a los latinoamericanos nos ha costado carísimo. Nos referimos a la idea de que el mercado es un juego de suma cero donde lo que uno gana se debe a que otro lo pierde. Vea usted lo que decía el francés en un ensayo titulado *El beneficio de unos es el perjuicio de otros*:

> Ningún provecho ni ventaja se alcanza sin el perjuicio de los demás; según aquel dictamen, habría que condenar, como ilegítimas, toda suerte de ganancias. El comerciante no logra las suyas sino merced a los desórdenes de la juventud; el labrador se aprovecha de la carestía de los trigos; el arquitecto de la ruina de las construcciones; los auxiliares de la justicia, de los procesos de querellas que constantemente tienen lugar entre los hombres; el propio honor y la práctica de los ministros de la religión débase a nuestra muerte y a nuestros vicios; a ningún médico le es grata ni siquiera la salud de sus propios amigos, dice un autor cómico griego, ni a ningún soldado el sosiego de su ciudad, y así sucesivamente[21].

Esta tesis alimenta la idea de que la riqueza de los ricos es la causa de la pobreza de los pobres y que por tanto debe destituirse a unos para reparar la injusticia cometida sobre los otros. Se trata, en el fondo, de la misma doctrina marxista según la cual la acumulación de capital basada en la propiedad privada de los medios de producción es el resultado de la explotación del empresario. Esta doctrina, como bien sabemos en América Latina, es utilizada por el revolucionario "angelical", como lo llamaba el Che Guevara, para justificar su proyecto criminal y dictatorial.

El seguidor de Montaigne, el filósofo francés nacido en Ginebra Jean-Jacques Rousseau, un directo precursor de los totalitarismos marxista y nacionalsocialista, llevaría este mito del buen salvaje y la condena a la propiedad privada al delirio. Para hacerse una idea de la

---

19 Ibid, p. 66.
20 Idem.
21 Michel de Montaigne, *Essays of Montaigne*, Vol. 1, p. 239.

relevancia de este pensador baste recordar que la colección de obras clásicas de Harvard, editada por el profesor y presidente de esa universidad, Charles Eliot, sostiene que Rousseau fue el "escritor francés más ampliamente influyente de su época"[22]. En su famoso *Discurso sobre el origen de la desigualdad entre los hombres,* Rousseau describió a los salvajes americanos con un romanticismo casi adolescente. Vale la pena reproducir las reflexiones de Rousseau, uno de los filósofos más influyentes en América Latina, para entender bien el tema que tratamos. Refiriéndose a las condiciones de vida de los nativos, Rousseau sostiene que "acostumbrados desde la infancia a la intemperie del tiempo y al rigor de las estaciones, ejercitados en la fatiga y forzados a defender desnudos y sin armas su vida y su presa contra las bestias feroces", los hombres han formado "un temperamento robusto y casi inalterable", mientras que "los hijos, viniendo al mundo con la excelente constitución de sus padres y fortificándola con los mismos ejercicios que la han producido, adquieren de ese modo todo el vigor de que es capaz la especie humana"[23].

Para Rousseau, el hombre europeo civilizado era todo lo contrario: un debilucho, enfermizo, corrupto y sin energías. Pero más importante aún, el salvaje en América era un ser puro moralmente hablando, que no conocía pasiones degeneradas que para él eran el producto de la civilización:

> Con pasiones tan poco activas y un freno tan saludable, los hombres, más bien feroces que malos, más atentos a ponerse a cubierto del mal que podían recibir que inclinados a hacer daño a otros, no estaban expuestos a contiendas muy peligrosas. Como no tenían entre sí ninguna especie de relación; como, por tanto, no conocían la vanidad, ni la consideración, ni la estima, ni el desprecio; como no tenían la menor noción del bien ni del mal, ni alguna idea verdadera de justicia; como miraban las violencias que podían recibir como daño fácil de reparar, y no como una injuria que debe ser castigada, y como ni siquiera pensa-

---

22   French and English Philosophers, Harvard Classics, Edited by Charles Eliot, Vol. 34, Collier & Son, New York, 1910, p. 162.

23   Jean Jacques Rousseau, *Discurso sobre el origen de la desigualdad entre los hombres,* p. 15. Disponible en: http://www.catedradh.unesco.unam.mx/ SeminarioCETis/Documentos/Doc_basicos/5_biblioteca_virtual/2_genero/5.pdf Última visita: 25-10-2015.

ban en la venganza, a no ser tal vez maquinalmente y en el mismo momento, como el perro que muerde la piedra que se le arroja, sus disputas raramente hubieran tenido causa más importante que el alimento[24].

Según Rousseau, en ese estado de naturaleza e inocencia había una igualdad material casi perfecta, pues todos, más allá de sus diferencias físicas, vivían en condiciones similares y nadie sometía a otro. América era así el paraíso de la igualdad y los nativos seres inocentes y viriles, libres de toda corrupción. Además vivían sin las enfermedades y miserias europeas. ¿Y cuál es el origen de todo el mal civilizatorio en la visión de Rousseau? Pues nada más y nada menos que la propiedad privada:

> El primer hombre a quien, cercando un terreno, se lo ocurrió decir esto es mío y halló gentes bastante simples para creerle fue el verdadero fundador de la sociedad civil. ¡Cuántos crímenes, guerras, asesinatos; cuántas miserias y horrores habría evitado al género humano aquel que hubiese gritado a sus semejantes, arrancando las estacas de la cerca o cubriendo el foso: "¡Guardaos de escuchar a este impostor; estáis perdidos si olvidáis que los frutos son de todos y la tierra de nadie!"[25].

Cuando se leen estas reflexiones de uno de los filósofos más importantes de los últimos siglos, cuyas ideas fueron fundantes del marxismo, no puede sorprendernos que en América Latina tengamos ancestralmente esa mentalidad contraria al sistema de economía libre, lo cual es sin perjuicio de que existen muchas otras fuentes intelectuales y materiales que contribuyeron a esa mentalidad. El punto es que el capitalismo —el sistema de propiedad privada— fue en esta mitología el origen de todos los males, así como lo fue para Marx y sus seguidores, quienes se inspiraron en Rousseau para sostener que el hombre era naturalmente bueno y que la sociedad lo corrompía y degeneraba. Según este pensamiento, habiendo propiedad privada existía desigualdad y la tentación de abusar del que tiene menos.

En su famoso libro *Guerra de guerrillas*, Ernesto Guevara seguiría esta mitología diciendo que el guerrillero era "un hombre que hace suya el ansia de liberación del pueblo" y que "al comenzar la

---

24   Ibid., p. 28.
25   Ibid., p. 33.

lucha, lo hace ya con la intención de destruir un orden injusto y, por lo tanto, más o menos veladamente con la intención de colocar algo nuevo en lugar de lo viejo"[26]. La esencia de esa liberación casi divina consistía para Guevara, como para Rousseau, en terminar con la propiedad privada: "El guerrillero será una especie de ángel tutelar caído sobre la zona para ayudar siempre al pobre... la propiedad privada deberá adquirir en las zonas de guerra su función social. Vale decir, la tierra sobrante, el ganado no necesario, para la manutención de una familia adinerada, deberá pasar a manos del pueblo y ser distribuido equitativa y justicieramente"[27]. Hasta el día de hoy esta mitología nutre corrientes populistas socialistas y su lógica refundacional. Y es que, como advirtió Rangel, es en ese esfuerzo por restaurar el orden supuestamente perfecto antes del virus traído por los europeos que el buen salvaje se convierte en el buen revolucionario, en el Che Guevara o el Chávez que quiere, cual mesías, llevarnos a un paraíso perdido que en realidad jamás existió.

Ciertamente no todos en Europa se creían la ficción del buen salvaje. Hastiado de la persistencia de este mito, a mediados del siglo XVIII el célebre escritor británico Charles Dickens escribiría un artículo titulado, precisamente, *El buen salvaje*. En él sostendría que era "extraordinario" observar cómo algunas personas hablaban del buen salvaje "como si hablaran de los buenos viejos tiempos", y ver cómo "lamentaban su desaparición en el curso del desarrollo de determinadas tierras"[28]. Dickens advertía ofuscado sobre la total desconexión entre el pensamiento de aquellos que añoraban el buen salvaje y la realidad: "incluso con la evidencia frente a ellos, estarán determinados a creer o sufrir ellos mismos para ser persuadidos en la creencia de que —el buen salvaje— es algo que sus cinco sentidos les dicen que no es". El escritor se rebelaba en contra de este autoengaño declarando: "No creo en lo mas mínimo en el buen salvaje. Lo conside-

---

26 Ernesto Che Guevara, *Guerra de guerrillas*, Librodot.com, disponible en: http://dspace.utalca.cl:8888/bibliotecas/librodot/guerra_guerrillas.pdf Última visita: 24-11-2015.

27 Idem.

28 Charles Dickens, *The Noble Savage,* disponible en: https://ebooks.adelaide.edu.au/d/dickens/charles/d54rp/chapter12.html Última visita: 25-10-2015.

ro una prodigiosa molestia, una enorme superstición... mi posición es que si debemos aprender algo del buen salvaje es precisamente que él es lo que se debe evitar. Sus virtudes son una fábula, su felicidad una ilusión, su nobleza tontería".

La visión de Dickens, como sabemos, es mucho más cercana a la realidad que la de Rousseau y Montaigne: tanto incas, como mayas y aztecas eran sociedades clasistas, esclavistas, con distintos estratos y privilegios para los poderosos líderes religiosos y políticos por encima de las poblaciones generales. Por cierto que estos pueblos también tenían un valor cultural importante y nada justifica los crímenes cometidos por los conquistadores en contra de ellos, así como tampoco se justifican los crímenes que estos pueblos cometían en contra de los suyos y de otros pueblos. El punto es que nunca existió el buen salvaje y sin embargo este mito se instaló, ofreciendo así una justificación ideológica perfecta a caudillos populistas de todas las épocas que abogaban por una "igual repartición de la riqueza", mientras responsabilizaban a diversas potencias extranjeras por las miserias del continente. De hecho, es inevitable no ver en este mito que nos retrató como "víctimas" de los europeos uno de los orígenes intelectuales de la famosa doctrina del "estructuralismo" que llevó al ruinoso sistema de sustitución de importaciones que predominó en América Latina desde la década del 1940 en adelante. Todo el programa de la Comisión Económica para América Latina y el Caribe (Cepal) se basó en la idea de que los latinoamericanos éramos víctimas económicas de las potencias desarrolladas y que por tanto debíamos practicar el proteccionismo comercial y el estatismo desenfrenado para salir adelante. Estas ideas originalmente lograron su mayor influencia a través del trabajo desarrollado por el economista argentino Raúl Prebisch, quien presidió la Cepal en Santiago de Chile y era conocido como el Keynes de América Latina[29].

Para hacerse una idea de lo que pensaba el mentor de Prebisch, John Maynard Keynes, baste recordar su declaración de que "el capitalismo individualista decadente en cuyas manos nos encontramos después de

---

29 *The Economist*, "Raul Prebisch: Latin America's Keynes", March 5th, 2009.

la guerra no es un éxito. No es inteligente, no es bello, ni justo, no es virtuoso y no produce los bienes"[30]. El mismo Keynes reconocería en el prólogo a la edición alemana de su famosa *Teoría general del interés, el dinero y el desempleo*, que su programa estatista se adaptaba "mucho más fácilmente a la condiciones de un Estado totalitario que la teoría de la producción y distribución producida bajo condiciones de competencia libre y una gran dosis de *laissez-faire*"[31]. Esta filosofía antiliberal y proautoritaria fue la que defendieron Prebisch y la Cepal, basados en la teoría del "estructuralismo" desarrollada por Prebisch, quien para ello se basó a su vez en las teorías de Hans Singer, economista que había estudiado su doctorado bajo la dirección de John Maynard Keynes en la Universidad de Cambridge.

En la visión de Prebisch, las leyes económicas no eran universales, en consecuencia lo que valía para Estados Unidos o Europa no se aplicaba en América Latina. Debía por tanto buscarse una ciencia económica propiamente latinoamericana, pues los economistas de países desarrollados, por no vivir en la región, no podían entender lo que ahí pasaba ni ofrecer soluciones a nuestros problemas. Siguiendo esa lógica, Prebisch sostuvo que había un problema estructural entre lo que llamó países de la "periferia" y los países desarrollados o del "centro". De acuerdo con esta visión, los latinoamericanos éramos víctimas económicas de los países desarrollados porque estos, al vendernos bienes industriales y tecnológicos de mayor valor que nuestras exportaciones de bienes primarios, nos llevaban a un permanente deterioro de los términos de intercambio, es decir, nosotros podíamos comprar cada vez menos de lo que ellos producían y ellos más de lo que nosotros producíamos. Ello, a su vez, nos hacía depender de los países avanzados, que veían caídas de precios menores en sus exportaciones respecto de las exportaciones de los países subdesarrollados.

Según Prebisch, entonces, la teoría de la división internacional del trabajo formulada por Adam Smith y David Ricardo siglos antes

---

30   John Maynard Keynes, "National Self-Sufficiency," *The Yale Review*, Vol. 22, No. 4 (June 1933), pp. 755-769.

31   John Maynard Keynes, Preface to the German edition of *The General Theory of Interest, Money and Unemployment*, 1936. Disponible en: http://gutenberg.net.au/ebooks03/0300071h/gerpref.html Última visita: 25-10-2015.

había sido refutada por los hechos[32]. En otras palabras, no era verdad que todos se beneficiaran del libre comercio ni del libre mercado global. La solución era cerrar nuestras economías a las importaciones y desarrollar una política industrial dirigida desde el Estado, además de una masiva redistribución de la renta y la propiedad a través de reformas agrarias. El resultado de estas políticas estatistas fue desastroso para América Latina, tal como han demostrado largamente la realidad y la literatura especializada[33]. No podía ser diferente. Prebisch en general se sentía, como todos los intelectuales de la Cepal, cercano al socialismo. En una interesante entrevista sostuvo:

> Claro que el Partido Socialista abogaba también por la Reforma Agraria, por el fraccionamiento de las grandes propiedades. Eso provocó grandes debates. Yo también estaba absolutamente en favor de ellos… lo que más atraía en el Partido Socialista era el nivel intelectual y la capacidad jurídica de los hombres de ese partido. Ese conjunto era uno de los conjuntos más brillantes[34].

Las teorías de Prebisch y la Cepal también inspiraron el famoso programa de ayuda del gobierno de John Kennedy conocido como "Alianza para el Progreso". Kennedy definió el programa como "un esfuerzo cooperativo, sin igual en magnitud y nobleza de propósito, para satisfacer las necesidades básicas del pueblo latinoamericano de tener hogares, trabajo, tierra, salud y escuelas"[35]. El mismo Prebisch reconocería mucho tiempo después que las ideas de la Alianza para el Progreso eran las de la Cepal[36]. La lógica detrás de esto era que solo

---

32   Raúl Prebisch, El desarrollo económico de la América Latina y sus principales problemas, ECLA, May 14th, 1949.

33   Sobre el fracaso de la Cepal ver por ejemplo Anil Hira, *Ideas and Economic Policy in Latin America: Regional, National, and Organizational Case Studies* Greenwood Publishing Group, Westport, 1998, p. 64.

34   Entrevista disponible en: http://www.revistas.uchile.cl/index.php/CDM/article/viewFile/25955/27268 Última visita: 25-10-2015.

35   Address by President Kennedy at a White House Reception for Latin American Diplomats and Members of Congress, March 13, 1961.Disponible en: http://web.archive.org/web/20060903200646/http://www.fordham.edu/halsall/mod/1961kennedy-afp1.html Última visita: 25-10-2015.

36   Interview to Raul Prebisch, *Cepal Review*, No. 75, December 2001, p. 18. Disponible en: http://www.eclac.org/publicaciones/xml/5/19315/pollock.pdf Última visita: 25-10-2015.

si la miseria material era eliminada podía contenerse la amenaza marxista en la región. Según Kennedy, las naciones pobres en América Latina y otras regiones del mundo estaban "sin excepción, bajo la presión comunista"[37].

En ese contexto, la tarea fundamental de programas como la Alianza para el Progreso fue hacer "una demostración histórica de que... el crecimiento económico y la democracia política se pueden desarrollar de la mano"[38]. En la práctica, la Alianza para el Progreso fue una especie de Plan Marshall para América Latina que destinaba 20.000 millones de dólares en donaciones y préstamos en un período de diez años, al cabo de los cuales sus promotores suponían ingenuamente que los problemas económicos y sociales más graves de la región estarían resueltos. A cambio, los países latinoamericanos tenían que comprometerse a realizar reformas para redistribuir equitativamente la riqueza generada por el crecimiento económico y otras para disminuir la corrupción.

El resultado, nuevamente, fue un desastre. La Cepal y su influencia sobre la Alianza para el Progreso llevaron a América Latina a varias décadas perdidas en materia de progreso económico y social, a hiperinflación, alto desempleo y a la imposibilidad de resolver la pobreza crónica. Pero además, producto de su fracaso, sembró terreno fértil para que los movimientos marxistas de la región se radicalizaran y extendieran aun más. Una clara manifestación de ese proceso fue el surgimiento de otra teoría económica que llegó a ser hegemónica en América Latina y que era declaradamente marxista: la famosa "teoría de la dependencia", también promovida por la Cepal.

La tesis central de esta teoría seguía la idea de *centro* y *periferia* estructuralista de Prebisch, añadiendo el paradigma de Lenin y Rosa Luxemburg, según el cual los países desarrollados "explotaban" a los subdesarrollados del mismo modo como los capitalistas explotaban a los proletarios. En palabras del principal teórico de la dependencia André Gunder Frank, quien irónicamente se graduaría de su doctorado en la Universidad de Chicago teniendo como profesor guía a

---

37   Idem.
38   Idem.

Milton Friedman, el subdesarrollo en América Latina era "creado por el mismo proceso que genera el desarrollo económico: el desarrollo del capitalismo en sí mismo"[39]. En otras palabras, según Frank, quien se convertiría en asesor del presidente marxista chileno Salvador Allende, el capitalismo era un juego de *suma cero* donde unos ganan porque los otros pierden. Y la solución para Frank era el camino revolucionario. En su libro *Latin America: Underdevelopment or Revolution*, Frank explicó que su esfuerzo apuntaba a esparcir la revolución cubana por todo el continente y que esa era la única forma de superar la miseria creada por el capitalismo. Ya en la apertura de su libro Frank confirmó, una vez más, el mito de que los latinoamericanos somos las víctimas de poderes contra los que casi no podemos hacer nada: "América Latina sufre de un subdesarrollo colonial que hace de su gente dependiente política, económica y culturalmente, no tanto de sí mismos o entre sí, sino de poderes de metrópolis extranjeros"[40]. Y continuó:

> El subdesarrollo en América Latina surge como resultado de la estructura colonial del desarrollo del capitalismo mundial. Esta estructura ha penetrado toda América Latina formando y transformando la estructura colonial y de clase subdesarrollada a nivel nacional y local a través del continente. Como resultado, el subdesarrollo seguirá en América Latina hasta que su gente se libere de esta estructura de la única manera posible: por la victoria revolucionaria violenta sobre su propia burguesía y el imperialismo[41].

Las ideas de gente como Prebisch y Frank tuvieron un alto impacto en el imaginario colectivo de la región y, por cierto, no se quedaron en textos académicos de alta complejidad. La misma tesis de que los latinoamericanos somos pobres víctimas explotadas fue la que popularizó el escritor uruguayo Eduardo Galeano en su best seller *Las venas abiertas de América Latina*. Según Galeano,

---

39 Andre Gunder Frank, "The development of underdevelopment", in: *Imperialism and underdevelopment*, Robert Rhodes (ed.), Monthly Review Press, New York, 1970, p. 9.

40 Andre Gunder Frank, *Latin America: Underdevelopment or Revolution*, Modern Reader, New York and London, 1969, pp. ix-x.

41 Idem.

La división internacional del trabajo consiste en que unos países se especializan en ganar y otros en perder. Nuestra comarca del mundo, que hoy llamamos América Latina, fue precoz: se especializó en perder desde los remotos tiempos en que los europeos del renacimiento se abalanzaron sobre el mar y le hundieron los dientes en la garganta... Es América Latina la región de las venas abiertas. Desde el Descubrimiento hasta nuestros días, todo se ha trasmutado siempre en capital europeo, más tarde, norteamericano, y como tal se ha acumulado y se acumula en los lejanos centros de poder. Todo: la tierra, sus frutos y sus profundidades ricas en minerales, los hombres y su capacidad de trabajo y de consumo, los recursos naturales y los recursos humanos. El modo de producción y la estructura de clases de cada lugar han sido sucesivamente determinados, desde fuera, por su incorporación al engranaje universal del capitalismo[42].

Como bien dijo Mario Vargas Llosa, Galeano presentó "una descripción completamente caricatural... de un dogmatismo marxista que caricaturiza y falsea profundamente lo que es la realidad de América Latina"[43]. Tan distorsionada fue la visión de Galeano que él mismo reconoció que no sería capaz de leer de nuevo su libro y que no tenía la formación necesaria para haberlo escrito[44]. Los efectos de esta visión, sin embargo, han sido devastadores en la región. Como explicó Hal Brands, de la Universidad de Harvard, la teoría de la dependencia ofreció una excusa perfecta a los políticos en tiempos de la Guerra Fría para culpar a Estados Unidos de su propio fracaso en realizar las reformas necesarias para mejorar la calidad de vida de la población[45]. Pero, además —afirma Brands—, esta teoría sirvió como una explicación y excusa psicológicamente seductora ante décadas de frustración producto del subdesarrollo de la región[46]. Esta obsesión por culpar a otros de los propios fracasos sigue estando tan

---

42 Galeano, Eduardo, *Las venas abiertas de América Latina*, Pehuén Editores, Santiago, 2005, p. 15.

43 Ver: http://www.dw.de/vargas-llosa-los-escritores-algo-tienen-que-aportar-a-la-vida-pol%C3%ADtica/a-18383813 Última visita: 25-10-2015.

44 Ver: http://cultura.elpais.com/cultura/2014/05/05/actualidad/139924 8604_150153.html Última visita: 25-10-2015.

45 Hal Brands, *Latin America's Cold War*, Harvard University Press, Cambridge, Massachusetts, 2010, p.93.

46 Idem.

viva como nunca y es una característica decisiva de los movimientos populistas que han llevado a la ruina a países de América Latina.

La paranoia anti "neoliberal"

El exministro de economía argentino y excandidato a la presidencia de ese país, Ricardo López Murphy, bromea que cuando sus nietos se portan mal y no se quieren ir a dormir les dice: "Si no te portas bien, voy a llamar a los neoliberales". La historia no pasaría de ser una anécdota divertida si su trasfondo no formara parte sustancial de la tragedia latinoamericana y su adicción populista y socialista. Si antes, con la Cepal y la teoría de la dependencia, la culpa de todo era del imperialismo yanqui y el capitalismo internacional que nos condenaba al subdesarrollo, hoy en todas partes de la región el "neoliberalismo" es el demonio al que se suele responsabilizar de todos nuestros males. Para el populista y los *idiotas* latinoamericano y europeo —siguiendo el concepto del manual de Apuleyo Mendoza, Montaner y Vargas Llosa (h)—, el "neoliberalismo" es una especie de genio del mal que amenaza con sumergirnos en las tinieblas para siempre.

Chávez, con esa inmoderación que lo caracterizaba, diría por ejemplo en 2002 que "el neoliberalismo es el camino al infierno"[47] y Evo Morales sostendría que "es el responsable de los problemas de Bolivia"[48]. En México, en tanto, el candidato filochavista Manuel López Obrador llegó a afirmar que el país estaba "podrido" producto de 30 años de "neoliberalismo", sistema que según él generaba "esclavitud" y por tanto debía ser superado de una vez[49]. Mientras tanto, Rafael Correa advertiría que en Ecuador no iba a permitir "ningún tipo de neoliberalismo"[50] y, en Chile, el senador de la coalición gobernante de la presidenta Bachelet, Jaime Quintana, aseguraba que el

47   Ver: http://elpais.com/diario/2002/05/17/internacional/1021586404_85 0215.html Última visita: 25-10-2015.
48   http://www.havanatimes.org/sp/?p=103019 Última visita: 25-10-2015.
49   Ver: http://www.jornada.unam.mx/ultimas/2014/10/15/201cel-regimen-mexicano-esta-podrido201d-dice-amlo-en-nueva-york-9527.html Última visita: 25-10-2015.
50   Ver: http://www.diariolibre.com/noticias/2013/04/22/i380304_rafael-correa-arremete-contra-fmi-neoliberalismo.html Última visita: 25-10-2015.

gobierno iba a poner "una retroexcavadora" porque había "que destruir los cimientos anquilosados del modelo neoliberal de la dictadura"[51]. Cristina Kirchner, por supuesto, tampoco perdió la oportunidad para dejar claro que todo lo que su gobierno hacía lo hacía porque era antineoliberal. Justificando uno de sus tantos programas asistencialistas, esta vez para estudiantes, dijo: "Estos chicos son los hijos del neoliberalismo. Son los chicos cuyos padres no tenían trabajo o lo perdieron, o no fueron educados en la cultura del trabajo, y necesitan de la presencia del Estado para salir adelante"[52].

Referencias como estas se encuentran por miles a diario en el discurso político y académico de la región. De hecho, el famoso Foro de São Paulo, que con el patrocinio de Cuba reunió a prácticamente a todas las organizaciones y movimientos de izquierda de América Latina luego de que cayera el Muro de Berlín, afirmó que el origen de todos los males era y es el "neoliberalismo". Según las conclusiones extraídas en el IV congreso celebrado en Nicaragua en 1993, "América Latina y el Caribe, insertos en un mundo unipolar conformado por bloques económicos hegemónicos —que redefinen en función de parámetros tecnológicos los términos de intercambios y la división internacional del trabajo—, resisten la aplicación del modelo neoliberal"[53]. Esto porque para ellos era "evidente que el presente estado de la economía y la política en el continente conduce a una persistente violación de los derechos humanos de nuestros pueblos", provocando "estallidos sociales y acciones desesperadas, así como una amplia movilización popular de rechazo al neoliberalismo"[54]. En otras palabras, todos nuestros males son culpa del "neoliberalismo" y nuestra salvación solo puede ser el socialismo del siglo XXI.

---

51 Ver: http://www.emol.com/noticias/nacional/2014/03/25/651676/nueva-mayoria-advierte-que-pasara-retroexcavadora.html Última visita: 25-10-2015.

52 Ver: http://www.perfil.com/politica/Cristina-lanzo-en-cadena-nacional-becas-para-los-hijos-del-neoliberalismo-20140122-0037.html Última visita: 25-10-2015.

53 Documento disponible en: http://forodesaopaulo.org/wp-content/uploads/2014/07/04-Declaracion-de-La-Habana-1993.pdf Última visita: 25-10-2015.

54 Idem.

Correa ratificaría esta visión en un libro escrito especialmente para convencer a los ecuatorianos de que lo peor que había pasado a su país y a América Latina era el "neoliberalismo". El texto titulado *Ecuador: de Banana Republic a la no República*, es interesante porque condensa la esencia del pensamiento populista antiliberal latinoamericano. En el libro, Correa habla de que una "larga y triste noche neoliberal" sacrificó a la clase trabajadora ecuatoriana al introducir flexibilidad laboral, apertura comercial, mayor espacio a los mercados y baja inflación[55]. Correa agrega que el neoliberalismo "logra exacerbar las pulsiones egoístas y trata de eliminar las pulsiones sociales, fundamentales para el buen vivir de todos" y que esa sería la "idea clave para entender cuál es la guía de una construcción nueva para América Latina"[56].

Para darse una idea del marco teórico trasnochado que siguen los populistas basta ver el tratamiento que Correa da a la idea de libre comercio. Reivindicando la fracasada lógica de la Cepal, Correa dice que "la idea de que el libre comercio beneficia siempre y a todos, es simplemente una falacia o una ingenuidad extrema... y no resiste un profundo análisis teórico, empírico e histórico"[57]. Según el líder ecuatoriano, "este solo puede darse entre países de similar desarrollo", pues "en economías con grandes diferencias de productividad y competitividad significa graves riesgos para los países de menor desarrollo relativo dada la probable destrucción de su base productiva"[58]. Correa finalmente agrega que "estas ideas no son en absoluto nuevas y datan de forma explícita por lo menos desde el siglo XIX bajo el concepto de industria infantil"[59]. Todo esto carece de mayor sentido. Primero porque la economía clásica jamás ha dicho que el libre comercio "beneficia a todos siempre", sino a la mayoría de la sociedad por sobre grupos de interés que buscan beneficiarse del proteccionismo y subsidios del Estado. Correa con ese argumento

---

55   Rafael Correa, *Ecuador: de banana republic a la no republica*, Debolsillo, Medellin, 2012, pp. 53 y ss.
56   Ibid., p. 166.
57   Ibid., p. 149.
58   Idem.
59   Ibid., p. 153.

proteccionista muestra, primero, que no ha entendido el funcionamiento del mercado y, segundo, que es un representante de grupos de
interés nacionales que buscan enriquecerse explotando al resto, como
ocurrió masivamente durante décadas bajo el modelo de sustitución de
importaciones con el que simpatiza. Como han dicho el nobel de economía Milton Friedman y su esposa, la economista Rose Friedman,
"el argumento de proteger las industrias infantes es una pantalla de
humo. Los así llamados infantes nunca crecen. Una vez impuestas,
las tarifas rara vez son eliminadas. Más aun... el argumento es utilizado para proteger infantes viejos que pueden ejercer presión p
olítica"[60].

En segundo lugar, si fuera verdad lo que dice Correa y creen los
populistas en el sentido de que el libre comercio solo puede darse
entre naciones de similar desarrollo, entonces Chile, que se abrió uni-
lateralmente al libre comercio desde los setenta en adelante y es hoy
uno de los países más abiertos al mundo, no sería el país más próspero de América Latina. Así, es una completa falacia lo que plantea el
argumento proteccionista de los populistas, porque si las economías
se abren, los consumidores de nuestros países tienen acceso a productos más baratos del extranjero y por tanto se benefician. Ahora
bien, puede ser que haya ciertas industrias locales que desaparezcan
por la competencia internacional, pero habrá otras que surjan precisamente porque, al ser más baratos los productos extranjeros, la gente
en países en desarrollo como Ecuador podrá gastar el dinero que le
sobra en otras cosas que antes no podía comprar.

Más delirante aún se torna el marco teórico populista cuando se
examinan las reflexiones de Correa sobre la banca central y la moneda. Según Correa, la independencia de la banca central del poder
político es una cuestión puramente ideológica y el control de la inflación algo que perjudica a la ciudadanía. Dice que "no existe evidencia
robusta que relacione mayor independencia de los bancos centrales
con mayor crecimiento" y que una inflación por debajo del 40% no

---

60   Milton y Rose Friedman, *Free too Choose,* Harvest Book, 1990, Orlando,
p. 49.

perjudica el crecimiento de la economía[61]. Más aun, Correa reconoce que la inflación es un impuesto, pero dice que es principalmente un impuesto a quienes tienen activos líquidos y capital financiero en beneficio de la gente porque el gobierno puede abaratar su deuda a través de la inflación y eso beneficia a la gente. El "neoliberalismo", entonces, con su preocupación por la inflación baja —dice Correa— ha buscado proteger el capital financiero en América Latina[62]. Este argumento es tan insostenible como el anterior, primero porque es obvio que las personas comunes y corrientes al ver incrementados los precios de todo lo que consumen pierden calidad de vida, transfiriendo recursos al gobierno, que a su vez gasta el dinero emitido comprando en la economía real. Y segundo porque los dueños de activos financieros, en general, encuentran las formas de protegerse de la inflación sobre todo cobrando tasas de interés más elevadas que al final pagan los contribuyentes. No hay algo así como una inflación que beneficie al pueblo. Si así fuera, Venezuela y Argentina tendrían una calidad de vida al nivel de países desarrollados.

Pero vamos ahora al centro del asunto y expliquemos qué es realmente el "neoliberalismo" y de dónde viene el término, tan maldecido por nuestros populistas. Partamos diciendo que en un estudio sobre el concepto, los investigadores Taylor C. Boas y Jordan Gans-Morse concluyeron que este habría prácticamente perdido todo significado porque se usaba para definir casi cualquier cosa, convirtiéndose más bien en un eslogan que, especialmente en América Latina, se utiliza para atacar y desprestigiar reformas promercado[63]. Pero el origen del término sorprendería a cualquier latinoamericano o europeo, incluyendo a quienes lo denuncian como la causa de todos los males. Pues resulta que fue en 1932 que el intelectual alemán Alexander Rüstow, acuñó el concepto[64]. Rüstow había sido un socialista que despertó de

61 Correa, p. 130.
62 Ibid., p. 132.
63 Taylor C. Boas & Jordan Gans-Morse, "Neoliberalism: From a New Liberal Philosophy to Anti -Liberal Slogan", *Studies in Comparative International Development*, Volume 44, Issue 2, (June 2009),Springer, pp. 137-161.
64 Sobre este tema ver: Oliver Marc Hartwich, "Neoliberalism: The Genesis of a Political Swearword", CIS *Occasional Paper* 114, The Independent Institute, 21 de mayo, 2009.

su sueño utópico para acercarse al liberalismo intentando encontrar un camino intermedio entre capitalismo y socialismo. Por cierto que en tiempos de Rüstow, en que el marxismo y el fascismo eran las ideologías dominantes, defender algo intermedio como el "neoliberalismo" dejaba al alemán como un campeón de la libertad comparado con la mayoría de la élite intelectual de la época. De modo que el concepto "neoliberalismo", en su origen, es más cercano al mundo socialista que al mundo realmente liberal.

Hoy en día, en Alemania el concepto *Neoliberalismus* se refiere a la idea de "economía social de mercado" que concibiera Ludwig Erhard, liberal clásico responsable del milagro alemán de postguerra. Ahora bien, como dicen Boas y Gans-Morse, en América Latina —y luego el resto del mundo— el término "neoliberalismo" se vino a asociar a las reformas económicas realizadas en Chile bajo Pinochet. La pregunta es ¿por qué si el sistema de libertades económicas creado por los Chicago Boys —como se llamó a los reformadores chilenos— hizo de Chile el país más exitoso de América Latina, deben entonces rechazarse las ideas y reformas que estos llevaron adelante? Le guste o no a muchos académicos, políticos e intelectuales de izquierda, como veremos en el próximo capítulo, Chile se convirtió en un referente para el mundo luego de las transformaciones económicas realizadas por los Chicago Boys y profundizadas por los gobiernos democráticos que le siguieron. Referente que impresionó aún más cuando el mismo régimen autoritario dio pie a una transición democrática, restaurando así tanto libertades económicas como políticas. Expertos de todas las corrientes ideológicas y políticos del más alto nivel muestran cientos de alusiones a Chile como un ejemplo.

Lo cierto entonces es que las reformas promercado realizadas en Chile fueron un éxito, más allá de las críticas que, justamente, se puedan hacer por el contexto autoritario en que se realizaron y las inexcusables violaciones a los derechos humanos cometidas en la lucha contra la insurgencia marxista. El uso de la etiqueta "neoliberalismo" es así una estrategia política para desprestigiar lo que en realidad se hizo en Chile y que fue introducir un sistema de libre emprendimiento inspirado en ideas liberales clásicas que creen en la capacidad de las personas de salir adelante. Obviamente todo ello representó una tremenda liberalización respecto al sistema socialista que había dejado el gobierno de Salvador Allende. Es como si hoy en Venezuela llegara un gobierno y, para revertir el desastre creado por el régimen chavista, privatizara empresas estatizadas, liberara precios, abriera los mercados de capitales, redujera regulaciones, etc. Liberalizar es precisamente lo que el populista y el totalitario no quieren porque desean mantener el control de la población en sus manos. Nada hace más dependiente a la gente del poder que el control sobre sus ingresos, sus trabajos y sus propiedades.

Al final, cuando Chávez, Kirchner, Maduro, Morales, Iglesias, Correa, López Obrador, Bachelet y todos ellos critican el llamado "neoliberalismo", lo que hacen es utilizar un *concepto-trampa* para justificar moralmente su de otro modo indefendible ambición de poder, la cual pasa por reducir las libertades de las personas lo más posible incrementando el control que el Estado —es decir, ellos mismos— ejercen sobre esas personas; si se depende del poder no se le puede desafiar. Para perseguir el poder total, por lo tanto, se debe denunciar la libertad personal y ponerla del lado de la inmoralidad. De lo contrario, no hay cómo justificar el asalto populista-socialista. Y la etiqueta "neoliberal" sirve a la perfección para ese fin. Es más, si examinamos la historia de nuestra región veremos que la Cepal y teorías como la de la dependencia, en el fondo, lo que buscaban era arrebatar la posibilidad de independencia de los ciudadanos. Cuando el famoso teórico de la Cepal Celso Furtado dijo que las contribuciones de Prebisch siempre habían implicado una crítica al *laissez-faire* estaba confirmando esta idea[65]. De hecho, Prebisch detestaba la libertad económica así como la detestan nuestros líderes socialistas y populistas hasta el día de hoy.

Según el influyente intelectual de la Cepal Osvaldo Sunkel, que creía firmemente en el intervencionismo estatal, en realidad ellos eran un grupo de "intelectuales de centro izquierda que creía" que el

---

65 John Toye and Richard Toye, "Raul Prebisch and the Limits of Industrialization", in: *Raul Prebisch, Power, Principle and the Ethics of Development*, Inter American Development Bank, Buenos Aires, 2006, p. 22.

gobierno era la solución a todos los problemas[66]. Lamentablemente para la región, aun cuando Galeano y Sunkel han reconocido que su visión era equivocada, seguimos con la misma trampa antiliberal y estatista que nutre a los populistas para amasar poder en sus manos y las de sus amigos[67]. Lo curioso, sin embargo, es que el total y rotundo fracaso del socialismo y de los regímenes populistas no desprestigie igualmente esas ideas y a quienes las promueven. Es como si las peores ideas estuvieran blindadas aunque su resistencia se debe, como explicaremos, a que la defensa de las mejores ideas en la región es, en el mejor de los casos, muy débil y la hegemonía intelectual esté del lado de quienes buscan el poder y el control.

Lo importante es insistir en que nadie que quiera derrotar el populismo y el socialismo en América Latina debería utilizar el concepto "neoliberalismo" para definir su posición o para describir reformas promercado. Esto por la sencilla razón de que el concepto tiene una carga valorativa y emotiva de inmoralidad que hace imposible defender nada que se asocie con ese nombre y, además, porque es históricamente incorrecto hacerlo. De lo que debemos hablar es del sistema de libre emprendimiento y de la dignidad de pararse sobre los propios pies, pues solo un sistema basado en esos valores permite generar las oportunidades y espacios de libertad para que las personas en los distintos niveles sientan el orgullo de proveer para sí mismos y para sus familias. Es ese sistema —que suele llamarse capitalismo— el que ha reducido la pobreza a niveles sin precedentes en la historia mundial. El profesor de la Universidad de Columbia Xavier Sala-i-Martin, uno de los máximos expertos en el mundo en materia de desarrollo económico, no nos deja dudas acerca de cuál es el camino que debería seguir América Latina para superar la pobreza de una vez. Veamos su reflexión para acabar con una serie de mitos que repiten permanentemente los *populistas latinoamericanos*:

---

66   Ver entrevista en: http://www.pbs.org/wgbh/commandingheights/shared/minitext/int_osvaldosunkel.html#2 Última visita: 25-10-2015.

67   Hay que decir, en todo caso, que en muchos países latinoamericanos las privatizaciones y procesos de apertura fueron muy corruptos, siendo Argentina uno de los casos más claros y que eso contribuyó decisivamente al desprestigio de las reformas promercado.

A través de la historia las sociedades humanas han sido formadas por unos pocos ciudadanos muy ricos y una aplastante mayoría de pobres. El 99,9% de los ciudadanos de todas las sociedades de la historia, desde los cazadores y recolectores de la Edad de Piedra, hasta los campesinos fenicios, griegos, etruscos, romanos, godos u otomanos de la Antigüedad, pasando por los agricultores de la Europa medieval, la América de los incas, los aztecas o los mayas, la Asia de las dinastías imperiales o la África precolonial, vivieron en situación de pobreza extrema. Todas, absolutamente todas esas sociedades tenían a la mayoría de la población al límite de la subsistencia hasta el punto que, cuando el clima no acompañaba, una parte importante de ellos moría de inanición. Todo esto empezó a cambiar en 1760 cuando un nuevo sistema económico nacido en Inglaterra y Holanda, el capitalismo, provocó una revolución económica que cambió las cosas para siempre: en poco más de 200 años, el capitalismo ha hecho que el trabajador medio de una economía de mercado media no solo haya dejado de vivir en la frontera de la subsistencia, sino que incluso tenga acceso a placeres que el hombre más rico de la historia, el emperador Mansa Musa I, no podía ni imaginar… El capitalismo no es un sistema económico perfecto. Pero cuando se trata de reducir la pobreza en el mundo, es el mejor sistema económico que jamás ha visto el hombre[68].

Reflejando este punto el gran economista y periodista estadounidense Henry Hazlitt abriría su libro *The Conquest of Poverty* afirmando que "la historia de la pobreza es casi la historia de la humanidad. Los escritores antiguos nos dejaron descripciones específicas de ella. La pobreza era la regla normal"[69]. La hambruna —recuerda Hazlitt— estaba a la orden del día incluso en países como Inglaterra y Francia donde hoy es inconcebible. La posibilidad de superar toda esa miseria gracias a la economía de mercado y la libertad es lo que el nobel de economía de 2015, Angus Deaton, ha llamado "el gran escape". Según Deaton, "los estándares de vida de hoy son mucho más altos que hace un siglo y más gente escapa de la muerte en la infancia y

---

68 Ver: http://salaimartin.com/randomthoughts/item/693-el-capitalismo-reduce-la-pobreza-en-el-mundo.html Última visita: 25-10-2015.
69 Henry Hazlitt, *The Conquest of Poverty,* Foundation for Economic Education, New York, 1996, p. 13.

vive lo suficiente para experimentar esa prosperidad"[70]. En nuestros países, donde el análisis histórico serio escasea y las poblaciones son presas del populista, pocas veces se comprende que todos los beneficios que el ser humano posee han sido gracias a la cooperación pacífica y el intercambio voluntario. Desde los zapatos que calzamos, los cimientos de nuestras viviendas, el teléfono con el que nos comunicamos, la refrigeradora o el vehículo que nos transporta, son el producto del intercambio. Los latinoamericanos podemos adquirir esos bienes por nuestra capacidad de producir otro bien, recibir un salario y tener entonces poder adquisitivo de comprar aquello que importamos y que ha sido producido en un esquema de colaboración donde han existido millones de transacciones. Esto fue lo que Leonard Read reflejó en su famoso ensayo "Yo Lápiz", donde demostró que ninguna persona en el mundo sería capaz de producir un simple lápiz de mina por su cuenta, es decir, sin hacer uso del conocimiento especializado y los intercambios de otros[71]. La poca apreciación por el ingenio humano que nos ha sacado de las cavernas y nos ha transportado a un mundo moderno, donde la esperanza de vida y su calidad son hoy muy superiores a las de las clases nobles de la antigüedad, sumergen a muchos latinoamericanos en un relato absurdo en contra de su propia individualidad, capacidades y posibilidades de superación[72].

El sistema que describe Sala-i-Martin es el de libertades económicas, que no son más que libertades personales de poder emprender, adquirir bienes y venderlos, trabajar, contratar, despedir, tener propiedad sin que esta sea amenazada, libertad de competencia, ausencia de privilegios arbitrarios entregados a grupos de interés, moneda estable, apertura comercial, impuestos moderados, gobierno limitado y regulaciones razonables. Todos estos son elementos de la libertad económica y el populista busca destruirlos cuando llega al poder po-

---

70 Angus Deaton, *El gran escape*, Fondo de Cultura Económica, México, 2015, p. 13.

71 Leonard Read, I Pencil, disponible en: http://www.econlib.org/library/Essays/rdPncl1.html Última visita: 18-12-2015.

72 Para efectos de entender mejor la importancia de la colaboración ver la siguiente charla Ted: https://www.ted.com/talks/thomas_thwaites_how_i_built_a_toaster_from_scratch

niéndole la etiqueta de "neoliberalismo". Sin libertad económica no hay avance posible. Tanto así que según el prestigioso índice de libertad económica elaborado por el Fraser Institute en Canadá, los países con mayor libertad económica en el mundo, como Suiza, Hong Kong y Singapur, crecen económicamente más de tres veces más rápido en promedio que aquellos con menor libertad económica en el mundo como Venezuela, Bolivia y Argentina[73]. Esto ocurre aun cuando estos países poseen recursos naturales que, especialmente en los últimos años, han tenido altos precios en el mercado de los *commodities*. Esto demuestra que la riqueza no está bajo la tierra o en los campos, sino en el ingenio de las personas y buenas instituciones.

Más importante aún, en los países con mayor libertad económica el ingreso de los más pobres es en promedio diez veces superior al ingreso de los pobres en los países con menor libertad económica (932 dólares versus 10.556 dólares). No es lo mismo ser pobre en Suiza que en Venezuela. La expectativa de vida es casi veinte años mayor entre los habitantes de los países con mayor libertad económica en el mundo que en aquellos con menor libertad económica. Y la protección de derechos civiles y políticos, como la libertad de expresión, es más del doble en los países en que se respetan las libertades económicas que en aquellos en que el gobierno interfiere en todo. Esto es lógico y se explica porque una sociedad con libertades económicas genera riqueza y espacios de libertad que dan a los ciudadanos independencia de los gobernantes, permitiéndoles así exigir respeto por sus derechos y desafiar el poder establecido si este respeto no es garantizado. De ahí que nuestros populistas en América Latina busquen destruir la libertad económica, pues saben que así logran hacer a segmentos importantes de la población dependientes del poder político y de las prebendas que estos reparten, con lo cual neutralizan la posibilidad de resistencia a sus planes. Incluso logran masas completas de personas dispuestas a dar la vida por defender a los populistas de turno para no perder sus beneficios.

---

73 Economic Freedom of the World Report, Fraser Institute, 2013. Disponible en: https://www.fraserinstitute.org/uploadedFiles/fraser-ca/Content/ research-news/research/publications/economic-freedom-of-the-world-2013.pdf Última visita: 25-10-2015.

Ahora bien, si echamos un vistazo a cómo está América Latina en el *ranking* de libertad económica, el panorama es deprimente. Solo tres países de un total de 152, que son Chile (11), Perú (22) y Uruguay (43), están entre los 50 países con mayor libertad económica del mundo y, curiosamente, esos tres países son los que más avanzan o han avanzado en la región. Mientras tanto, los países que han liderado el socialismo del siglo XXI se encuentran entre los últimos de la lista: Bolivia en el puesto 108, Argentina en el 137 y Ecuador en el 134. El podio indiscutido se lo lleva Venezuela, que se ubica en el lugar 152, convirtiéndose en el país con menos libertad económica en el planeta. Por algo tienen hiperinflación y no pueden ni conseguir papel higiénico en los supermercados, entre muchas otras cosas como alimentos, bienes en general y medicinas básicas para la subsistencia.

En cuanto a nuestros gigantes, México y Brasil, estos se encuentran en los puestos 94 y 102, respectivamente, mientras que Guatemala y Honduras empatan en el puesto 56. En pocas palabras, los índices de libertad económica en nuestra región son miserables, siendo Chile y Perú los únicos países que se encuentran entre el 20% de mayor libertad económica en el mundo. Eso es lo que dice la evidencia. Después nos sorprendemos porque no logramos salir adelante, porque tenemos pobreza, desigualdad, criminalidad desatada, desempleo, inflación y toda la miseria que acompaña a estados interventores y corruptos como los nuestros. Más absurdo aún es sostener que el problema de la región es que falta Estado como consecuencia del "neoliberalismo", cuando todos los estudios internacionales —y más allá de ellos la realidad tangible y visible— nos dicen que nos sobra Estado y que esa es la causa de gran parte de nuestros problemas.

Veamos ahora cuáles son los países con mucha libertad económica, es decir, que según nuestros populistas han caído presas del malvado "neoliberalismo". Bueno, entre ellos están Hong Kong, Singapur, Nueva Zelanda, Suiza, Finlandia, Canadá, Australia, Estados Unidos, Alemania, Dinamarca, Estonia, Irlanda, Suecia y Noruega, entre otros. No es que no haya otros problemas en esos países, especialmente en los que tienen demasiado gasto social, pero en general tienen instituciones que garantizan una sólida protección de los derechos de propiedad, bajos niveles de inflación, economías abiertas al mundo, seguridad pública y gobiernos respetuosos de las reglas del juego.

La pretensión democrática

Carlos Rangel advirtió hace ya varias décadas que uno de los éxitos más lamentables del marxismo en Latinoamérica había sido erosionar el concepto formal de democracia representativa y los principios de la revolución liberal[74]. Pocos análisis pueden ser más pertinentes para entender la naturaleza de la mentalidad populista que el uso y abuso que esta hace de la idea de democracia, además de las instituciones y mecanismos plebiscitarios para concentrar el poder en el Estado y destruir las instituciones republicanas. No hay ningún líder caudillista o totalitario socialista de la región que no haya llevado a cabo su programa de demolición institucional sin ponerle la etiqueta de "democrático", e incluso en los casos más recientes como Venezuela, Ecuador, Bolivia y Nicaragua se han justificado los proyectos de concentración de poder bajo el pretexto de que son "democráticos" porque el pueblo lo quiere. Nuevamente en esto Venezuela, hace rato convertida en dictadura —o en *autocracia electoral*, para usar el término que emplea el índice de transformación de Bertelsmann Stiftung—[75], marcó el paso. Chávez llegó al poder ganando limpiamente las elecciones de 1998 y de ahí en adelante todo su programa se concentró en mantener la fachada democrática para consolidar una dictadura. Creó una nueva constitución que también sometió a referéndum y que sirvió de base para liquidar la independencia de los poderes del Estado, especialmente el judicial, hoy completamente alineado con el régimen. Igualmente, la Asamblea Nacional pasó a ser un mero buzón de Chávez, aprobando todas sus iniciativas, algo que más tarde no fue ya necesario porque se impuso el gobierno por decretos, como en toda dictadura. Dando cuenta de esta realidad, en

---

74 Rangel, p. 121.
75 Disponible en: http://www.bti-project.org/uploads/tx_itao_download/BTI_2014_Venezuela.pdf Último acceso: 3-01-2016.

2013 un artículo en *El Espectador* titulado "Chávez: una revolución democrática" afirmaba:

> La diferencia más visible que puede señalarse entre Hugo Chávez y su admirado Simón Bolívar es esta: que Chávez no tuvo que hacer la guerra para triunfar. Eso es también lo que diferencia a Chávez de Fidel Castro y del Che Guevara: detrás de esas leyendas hay una historia de guerras y de sangre, y Chávez pudo por suerte asumir el desafío de emprender la transformación de la sociedad, como lo reclamaban hasta los poderosos de todo el continente, recurriendo sólo a los instrumentos de la democracia[76].

He aquí una diferencia esencial del socialismo del siglo XXI con el socialismo clásico en la que profundizaremos más adelante. El primero pretende llevar adelante su programa autoritario aprovechando los mecanismos electorales para destruir la democracia desde dentro. El segundo abogaba por la revolución violenta para derrocar el orden burgués establecido. Por su aparente carácter democrático, el nuevo socialismo es mucho más peligroso, especialmente dada la comprensión formalista y vacía de democracia que impera en la región. Cuántas veces no oímos en respuesta a las críticas al ya fallecido Chávez y sus seguidores que eso era lo que "el pueblo quiere", y por tanto no se puede decir nada porque al final el soberano es el pueblo. En América Latina creemos que cualquier cosa que se hace por mayorías gobernantes circunstanciales es sacrosanta y que todo aquel que se oponga es un traidor, golpista o antidemocrático. Para esta visión, la democracia no tiene límites y, por tanto, las esferas de decisión que tiene el poder son infinitas. La persecución de opositores se hace bajo el pretexto de que la mayoría democrática apoya al régimen que la realiza, los ataques a la libertad de expresión y prensa son justificados en que el gobierno responde a la gente y no a los medios de comunicación, las confiscaciones de propiedad se amparan en el hecho de que el gobierno está respaldado por la mayoría que lo eligió y así sucesivamente. Tal vez no hay lugar en el mundo en que el concepto de "democracia" carezca más de significado que en América

---

76 Disponible en: http://www.elespectador.com/noticias/elmundo/chavez-una-revolucion-democratica-articulo-409274 Última visita: 25-10-2015.

Latina, donde siguiendo la tradición totalitaria de Rousseau, quien pensaba que no debía haber límites a las decisiones de las mayorías porque el gobernante siempre representaba de manera infalible la "voluntad general" del pueblo, ha servido para expandir el poder del Estado de manera ilimitada.

La tradición liberal inglesa y americana, en cambio, no concibió la democracia de manera independiente de los derechos más fundamentales de los individuos. Al revés, la democracia debía precisamente limitar el poder de los gobernantes, es decir, todo lo contrario a lo que acostumbramos en América Latina. Como explicara el filósofo Gottfried Dietze, "los liberales no pueden seguir a Rousseau ni a Hichborn. Por el contrario: la democracia era considerada un medio para proteger los derechos del individuo. Está, entonces, limitada por la obligación de proteger esos derechos"[77]. Esto es lo que se conoce como "democracia liberal" y fue la que inspiró a los padres fundadores de Estados Unidos.

Casi nada de eso se encuentra en nuestra región, donde el discurso de derechos sociales y regalías para todos es pan de todos los días, pero donde derechos como la libertad y propiedad rara vez se mencionan. Esta es una realidad que personalmente hemos podido confirmar en nuestros viajes a través de la región, donde la gran crítica de los grupos opositores que combaten el populismo es que sus derechos son simplemente aplastados por gobiernos con vocación autoritaria y populista. Evo Morales expresaría de manera elocuente lo que entienden nuestros populistas por democracia cuando la explicó en los siguientes términos: "Estoy convencido de que la democracia no termina solo en el voto, es permanente, es debatir con el pueblo las políticas... Es importante las innovaciones de ideas y es eso lo que llamamos 'gobernar obedeciendo al pueblo boliviano'"[78]. La democracia es votar pero también gobernar con la "voluntad del pueblo", dice Morales. ¿Qué pasa si el supuesto "pueblo" quiere destruir los derechos de minorías, ya sea a la vida, a la libertad o a la propiedad?

---

77 Gottfried Dietze, "Democracia tal como es y democracia apropiada", *Revista Estudios Públicos* No. 6, Santiago, 1982, p. 28.

78 Ver: http://www.telesurtv.net/news/Evo-Morales-llama-a-votar-para-fortalecer-la-democracia-20150329-0017.html Última visita: 25-10-2015.

Pues nada, porque en la definición predominante en la mentalidad populista, la democracia es un vehículo para extender y no para limitar el poder del gobernante que dice representar al "pueblo". Tanto así que Nicolás Maduro diría que Venezuela era el país más democrático de América Latina y que solo se apresaba a quienes violaran la constitución o la ley[79]. Si se entiende por democracia lo que aprobó un congreso, entonces Maduro tiene razón. Si se cree que todo lo que aprueba una asamblea está bien solo porque lo aprobó una supuesta mayoría, entonces por definición todo lo que sea "democrático" es intachable, incluida la persecución de opositores, los ataques a la prensa, las torturas y confiscaciones de propiedad. De este modo, una democracia totalitaria está perfectamente en orden según el populista. Sería otra vez Morales quien mejor expresaría la idea de la democracia totalitaria cuando sostuvo que él, como presidente que representaba al pueblo, no tenía por qué someterse a ninguna ley que le limitara, con lo que quería decir que la democracia en su visión era incompatible con el Estado de derecho. Veamos lo que dijo el caudillo boliviano en este sentido:

> Por encima de lo jurídico es lo político. Quiero que sepan que cuando algún jurista me dice: Evo, te estás equivocando jurídicamente, eso que estás haciendo es ilegal, bueno yo le meto por más que sea ilegal. Después les digo a los abogados: si es ilegal, legalicen ustedes, ¿para qué han estudiado?[80]

Lo que Morales está diciendo, en otras palabras, es que para él democracia y dictadura son la misma cosa. En efecto, pues si él encarna al pueblo y debe hacerse todo lo que el pueblo quiere, entonces debe hacerse todo lo que él quiere. Y eso demanda que no exista límite alguno a su poder, pues limitando su poder se limita el poder del pueblo, lo que según Morales es antidemocrático. Así se construye una farsa democrática en torno a la voluntad de un líder carismático, supuestamente portador de una voluntad popular que termina por aplas-

---

79 Ver: http://www.elmundo.es/internacional/2014/03/21/532c8f13ca4741 de278b4589.html Última visita: 25-10-2015.

80 Alfredo Rodríguez Peña, Evadas, Producción independiente, Santa Cruz de la Sierra, 2014, p. 90.

tar la libertad, convirtiéndole a él en un tirano. Como hemos dicho, esto es todo lo contrario a lo que el concepto *democracia* significa en países avanzados y a lo que originalmente significó. Pues en estos el *rule of law* o Estado de derecho es más importante que el poder que tienen las mayorías para decidir lo que se hace. El *rule of law* es la garantía de que los derechos de minorías serán respetados y de que el poder del líder será limitado estrictamente. Como dijera el filósofo inglés John Locke, padre del liberalismo clásico:

> La libertad es ser libre de restricciones y de la violencia de los demás, lo que no puede haber donde no hay ley; pero la libertad no es, como se nos dice, 'una libertad para que todos los hombres hagan lo que quieran'... sino que la libertad de disponer y ordenar como le parezca de su persona, acciones, posesiones y toda su propiedad, dentro del marco de esas leyes bajo las cuales él se encuentra y a no ser sometido a la voluntad arbitraria de otro, pudiendo seguir libremente su propia voluntad[81].

La libertad consiste entonces en que cada persona pueda disponer de su persona, acciones y posesiones sin ser sometidos a la voluntad arbitraria de otro. Eso es lo que la ley y la constitución deben garantizarnos, según Locke. Ello necesariamente implica limitar el poder del gobernante de modo que no debamos obedecer su voluntad. Es para garantizar esa libertad que Locke planteó que debía existir un conjunto de leyes y normas conocidas de antemano por los ciudadanos. Según Locke, "quien tiene el poder legislativo o supremo de cualquier comunidad, está obligado a gobernar por leyes permanentes establecidas, promulgadas y conocidas por el pueblo, y no por decretos extemporáneos; por jueces indiferentes y verticales"[82]. Esto es todo lo contrario a lo que dice Morales —y a lo que hacen todos los de su tipo—, que quiere actuar primero y legalizar después en su pretensión de poder absoluto bajo la mascarada democrática.

La idea asambleísta y totalitaria de democracia de nuestros populistas es servicial a su proyecto de redistribuir riqueza. Según ellos,

---

81 John Locke, *Second Treatise of Government*, Hackett Publishing Company, Indianapolis, 1980, p. 46.
82 Ibid., p. 47.

un país "democrático" es uno en que no solo lo que decide la mayoría está siempre bien, sino también donde se da al "pueblo" prebendas y todo tipo de asistencia. Cristina Kirchner expresaría esto en su definición de democracia afirmando que esta consistía en votar pero también en que el gobierno le diera bienes materiales a la gente para que pudiera hacer lo que quisiera. Despreciando la idea de que la democracia requiere separación de poderes del Estado para limitar el poder del gobernante y una estricta protección de la propiedad privada, Cristina Kirchner diría que esta, entendida como la separación de poderes, es "la democracia ciencia ficción, sin pueblo", porque falta "el concepto de la igualdad, que es un concepto que llena de sentido a las cosas y que permite que la gente pueda decidir" y "tener los elementos que te permitan decidir qué vida y qué querés ser, porque si no esa libertad es una libertad vacía"[83].

Esta última idea es más sofisticada, pero también de la esencia populista colectivista. Consiste en pensar que el Estado es el encargado de darle sentido a la vida de las personas al darles todos los medios que necesiten para perseguir sus objetivos. Según esta mentalidad, propiamente socialista, la libertad es el resultado de la redistribución estatal. Hayek alertó sobre esta confusión entre libertad, poder y riqueza, tan característica del mundo socialista, advirtiendo que en realidad la promesa de mayor libertad mediante la igualación material prometida por el socialismo era "la vía de la esclavitud"[84]. Según Hayek, el socialismo totalitario prometió la "libertad frente a la indigencia, la supresión del apremio de las circunstancias, que, inevitablemente, nos limitan a todos el campo de elección, aunque a algunos mucho más que a otros. Así, para el socialista, antes de ser libres "había que abolir las trabas del sistema económico"[85].

Esta es exactamente la filosofía que postulaba Cristina Kirchner. La misma que el presidente Rafael Correa en un artículo en el *Boston Globe* en Estados Unidos endosaba al afirmar que su gobierno había logrado no solo la "democracia formal", sino "la democracia real

---

83 Ver: http://www.cfkargentina.com/discurso-de-cristina-kirchner-en-el-festejo-de-31-anos-de-democracia-en-argentina/ Última visita: 25-10-2015.
84 Hayek, p. 54.
85 Idem.

que provee acceso a derechos, igualdad de oportunidades y una calidad de vida decente"[86]. Según Correa, la democracia consistía así en igualar las condiciones de vida materiales de la gente. Pablo Iglesias, líder del movimiento populista español Podemos, endosaría esta misma tesis mostrando sus orígenes históricos y su naturaleza totalitaria. Según Iglesias, la idea de democracia real es aquella que propusiera el verdugo Maximiliano Robespierre en tiempos de la Revolución francesa, quien diría que "la democracia es un Estado en el que el pueblo soberano, guiado por leyes que son de obra suya actúa por sí mismo siempre que le es posible y por sus delegados cuando no puede obrar por sí mismo"[87]. Para Iglesias, "la democracia es el movimiento dirigido a arrebatar el poder a quienes lo acaparan (el monarca o las élites) para repartirlo entre el pueblo, que es el llamado a ejercerlo por sí mismo o por sus delegados"[88].

Es interesante notar que Iglesias, el más leído probablemente en el concierto de populistas actuales, reconozca que la idea de democracia del socialismo del siglo XXI se remonta a la tradición de los jacobinos en la Revolución francesa. Pues fueron ellos los primeros que vieron en la democracia un instrumento de poder para igualar, no ante la ley, sino para igualar las condiciones materiales del "pueblo". La democracia real, para los jacobinos, tenía que ver con igualdad material. Cuando Robespierre, fundador del régimen del terror, declaró que "todo lo que es necesario para mantener la vida debe ser propiedad común y solo el superávit puede ser reconocido como propiedad privada" estaba reflejando el ideal socialista intrínseco de la Revolución francesa[89]. Esta era la misma idea que expresaría el Che Guevara, cuando dijo que debía rescatarse la función social de la propiedad privada y que solo los excedentes podían conservarse por los dueños. Según la filósofa alemana Hannah Arendt, fue precisamente el foco en las necesidades materiales lo que llevó a la Revolución francesa a terminar en una dictadura sangrienta, mientras

---

86 Rafael Correa, *Ecuador: de Banana Republic a la no República*, Debolsillo, Bogotá, 2012, p. 53 y ss.
87 Pablo Iglesias, *Disputar la democracia*, Akal, Madrid, 2014, p. 13.
88 Idem.
89 Hannah Arendt, On Revolution, Penguin, New York, 2006, p. 50.

la americana, con su foco en la libertad individual, resultó un éxito[90]. Para Arendt, el cambio de foco de la revolución desde los abstractos "Derechos del Hombre" a los derechos materiales —hoy conocidos como derechos sociales— desató el terror de la Revolución francesa llevándola al fracaso. Y sería ese mismo énfasis en derechos materiales —dice Arendt— lo que llevaría a todas las revoluciones que siguieron a fracasar en conseguir la libertad.

Marx, según Arendt, es el mejor ejemplo de este problema pues su conclusión de la Revolución francesa fue que la libertad solo podía conseguirse eliminando la cuestión social, es decir, la pobreza. Como consecuencia, en Marx, *riqueza* y *libertad* pasaron a ser lo mismo. Y el fin de la revolución ya no fue la libertad del hombre respecto de la opresión de otros sino la abundancia material[91]. Esta es la misma idea que sigue Iglesias cuando dice que "la lucha por la democracia ha sido siempre la lucha por la socialización del poder", donde derribando a la élite el pueblo podía "remover las bases materiales de la desigualdad"[92]. El proyecto revolucionario del socialismo del siglo XXI es, así, uno de tipo marxista o jacobino, como también lo fue el nacionalsocialismo que buscó aliviar la precaria situación material de las masas mediante una masiva redistribución. Iglesias nota correctamente que esta tradición socialista de la Revolución francesa fue opuesta a la de los padres fundadores de Estados Unidos, quienes, según él, establecieron una república antidemocrática con el fin de proteger los privilegios y la propiedad de unos pocos[93].

Como sabemos, Rousseau y su idea de que la propiedad privada debe estar sometida a las necesidades sociales, es decir, a la discreción de quienes controlan el Estado, fue la inspiración central del pensamiento de Robespierre[94]. De Rousseau adoptaría el padre del terror revolucionario la idea de que el hombre nacía bueno — el buen

---

90 Idem.
91 Ibid., p. 54.
92 Iglesias, p. 14.
93 Ibid., p. 15.
94 Scott McLetchie, *Maximilien Robespierre, Master of the Terror*, disponible en: http://www.loyno.edu/~history/journal/1983-4/mcletchie.htm Última visita: 25-10-2015.

salvaje— y la sociedad lo corrompía mediante leyes e instituciones injustas basadas en la propiedad privada. La sociedad, en su visión, se basaba en un contrato en el cual cada individuo se somete a la "voluntad general", que sería una abstracción parecida a lo que los populistas llaman hoy "voluntad del pueblo". Para esta doctrina, la entrega al poder de la autoridad que supuestamente encarna e interpreta la "voluntad general" debe ser completa.

Dice Rousseau en su famosa obra *El contrato social* que las cláusulas del contrato "pueden reducirse a una: la total alienación de cada asociado, junto con todos sus derechos, a la totalidad de la comunidad, pues, en primer lugar, en la medida en que cada uno se entrega absolutamente, las condiciones serán iguales para todos, y esto, siendo así, significa que nadie tendrá interés en convertirse en una carga para otros"[95]. El mismo Rousseau pensaba que quien no obedeciera a la autoridad debía ser castigado con la muerte porque ella era la voluntad del pueblo[96]. Más aún, según Rousseau, el espíritu completo de la nación podía "residir en una minoría iluminada que ha de actuar para su ventaja política"[97]. Siguiendo estas ideas, Robespierre sintió que estaba legitimado para asesinar a miles, pues él se veía como el iluminado portador de la voz del pueblo[98]. El célebre jurista alemán Georg Jellinek advirtió las implicancias de esta doctrina totalitaria con gran claridad. Dice Jellinek:

> El contrato social contiene una sola cláusula, esta es, la completa transferencia a la comunidad de todos los derechos del individuo. El individuo no retiene una partícula de sus derechos desde el momento en que entra al Estado. Todo lo que recibe en cuanto a derecho lo obtiene de la *voluntad general*, que es el único juez de sus propios límites y no puede ni debe ser restringida por la ley de ningún poder. Incluso la propiedad pertenece al individuo solo por virtud de concesión estatal. El contrato social hace al Estado el amo de los bienes de sus miembros,

---

95 Jean-Jacques Rousseau, *The Social Contract and Discourses by Jean-Jacques Rousseau*, J.M. Dent and Sons, London and Toronto, 1923, p. 43.

96 McLetchie, *Maximilien Robespierre, Master of the Terror*, disponible en: http://www.loyno.edu/~history/journal/1983-4/mcletchie.htm Última visita: 25-10-2015.

97 Idem.

98 Idem.

quienes mantienen la posesión solo como fideicomisarios de la propiedad pública[99].

Según uno de los filósofos más importantes del siglo pasado, Isaiah Berlin, profesor de la universidad de Oxford, la doctrina según la cual la libertad de las personas se consuma en el Estado fue una de la "servidumbre absoluta", lo que convierte a Rousseau en uno de los "más siniestros y formidables enemigos de la libertad en toda la historia del pensamiento moderno"[100]. Pues bien, ese es el referente de Pablo Iglesias y los socialistas del siglo XXI.

La tradición liberal inglesa que detestan nazis y socialistas, como hemos dicho, proponía todo lo contrario. John Adams, segundo presidente de Estados Unidos y uno de los padres fundadores de ese país, llegaría a decir que la Revolución francesa no tenía siquiera un solo principio en común con la americana[101]. El mismo Adams haría una radical defensa de la propiedad privada y la libertad individual afirmando que el gobierno debe existir "para la preservación de la paz interna, la virtud y el buen orden, así como para la defensa de la vida, las libertades y propiedades"[102]. Añadió que la propiedad "debe ser asegurada o la libertad no puede existir", pues "el momento en que la idea es admitida en la sociedad de que la propiedad no es tan sagrada como las leyes de Dios… la anarquía y la tiranía comienzan"[103]. Ese

---

99   Georg Jellinek, *The Declaration of the Rights of Man and of Citizens: A Contribution to Modern Constitutional History,* Henry Holt and Co., New York, 1901, p. 9.

100   Isaiah Berlin, *Freedom and its Betrayal,* Pimlico, 2003, p. 49.

101   John Emerich Edward Dalberg, Lord Acton, *Lectures on the French Revolution,* ed. John Neville Figgis and Reginald Vere Laurence, Macmillan, London, 1910, p. 29. Disponible en: http://oll.libertyfund.org/title/210 Última visita: 24-10-2015.

102   John Adams, "The Life of the Author", in *The Works of John Adams, Second President of the United States: with a Life of the Author, Notes and Illustrations, by his Grandson Charles Francis Adams* Vol. I Little, Brown and Co., Boston,1856, p. 148. Disponible en: http://oll.libertyfund.org/title/2099 Última visita: 25-10-2015.

103   John Adams, "Discourses on Davila" *The Works of John Adams, Second President of the United States: with a Life of the Author, Notes and Illustrations, by his Grandson Charles Francis Adams,* Vol. VI., Little, Brown and Co.: 1856, Boston, p. 188.

fue el orden que crearon los americanos y que los convirtió en el país más próspero y libre que hasta entonces había conocido la humanidad. En otras palabras, lo que hizo a Estados Unidos una excepción en su tiempo fue establecer el primer sistema donde el individuo tendría garantizados tres derechos fundamentales independientemente de la clase social o política a la que perteneciera: derecho a la vida, derecho a la libertad y derecho a la búsqueda de su propia felicidad. Si bien es cierto que aún hubo esclavitud y las mujeres no contaron como agentes políticos por bastante tiempo, también es verdad que estas formas de discriminación arbitraria terminaron desapareciendo precisamente por ser incompatibles con los principios que los mismos padres fundadores habían defendido[104].

En su ataque a la visión liberal anglosajona, Iglesias dice que "para los liberales puros la libertad es aquello que permite a los ricos ejercer su poder coactivo sobre el resto sin ningún tipo de control"[105]. Y agrega que "para que haya democracia es necesario que los más tengan el poder y que desaparezcan los privilegios de los menos. Por eso quien ataca los derechos civiles y los derechos sociales ataca la democracia"[106]. La democracia, entonces, es para esta visión igual al socialismo, es decir, a la redistribución igualitaria de la riqueza. Ahora bien, es evidente que esta redistribución debe hacerla una nueva élite que reclama encarnar al "pueblo" y que para ello debe concentrar incluso más poder que la anterior, pues debe hacerla por la fuerza. Pero además, como se vio en todos los países socialistas, el nuevo orden supuestamente democrático igualitario llevará a la creación de un sistema orwelliano donde unos son más iguales que otros; la nueva élite revolucionaria, por cierto, no renunciará a los privilegios de dominar, ni puede hacerlo si quiere mantenerse en el poder. Como consecuencia, el costo a pagar por esta promesa de bienestar material no solo es mayor miseria sino la total destrucción de la libertad, dado que esta visión exige que el gobierno aplaste derechos individuales como la libertad de expresión y el derecho de propiedad para

---

104   Gordon Wood, *The American Revolution*, The Modern Library, New York, pp. 56-57.

105   Iglesias., p. 16.

106   Idem.

llevar a cabo su proyecto de "democracia real". El pensador italiano Giovanni Sartori denunciaría los peligros de esta aproximación socialista a la democracia. Refiriéndose a qué idea de democracia había vencido con el colapso del comunismo, Sartori afirmó que "el vencedor es la democracia liberal"[107], precisamente la que quiere destruir Iglesias y otros populistas y la que defendieron los padres fundadores de Estados Unidos. Sartori continuó:

> Durante medio siglo se nos había contado que existían dos democracias: la formal y la real, la capitalista y la comunista. Esta alternativa inexistente ha tenido que estallarnos entre las manos para que se reconociera su inexistencia… La democracia ha vencido y la democracia que ha vencido es la única democracia real que se haya realizado jamás sobre la tierra: la democracia liberal[108].

En América Latina, lamentablemente, no triunfó la democracia liberal más que por un breve periodo en el mejor de los casos. La democracia como concepto es utilizada hoy como una mascarada, una verdadera farsa para avanzar proyectos populistas en la región y en España que buscan apariencia de legitimidad popular. En ninguna parte se presenta una preocupación seria por los límites al poder del Estado, por el Estado de derecho, la protección de derechos personales e individuales, la existencia de una prensa realmente libre y una sociedad civil capaz de articularse para enfrentar los abusos del poder. He ahí el impacto que el ideal marxista de democracia denunciado por Rangel ha tenido sobre nuestros países.

La obsesión igualitarista

El análisis anterior respecto a la democracia entendida como concentración del poder en manos de una minoría para lograr el socialismo nos lleva de frentón a otra desviación clásica de la mentalidad populista: la obsesión por la igualdad material. En mayo de 2015 la presidenta Cristina Kirchner, recordando a los fallecidos Hugo Chávez y Néstor Kirchner, declaró que ellos "vinieron a encender el fuego, no

---

107 Giovanni Sartori, *La democracia después del comunismo*, Alianza, Madrid, 1993, p. 16.
108 Idem.

a apagarlo. Pero a encender los buenos fuegos, los fuegos de la igualdad, los fuegos del pueblo, no los fuegos que encendieron otros, de la represión… Esos son los fuegos que debemos mantener encendidos, con la gestión, con la militancia, con gobernar con el pueblo y para el pueblo"[109].

En América Latina, dada la aplastante influencia marxista, el discurso populista derivado de ella ha puesto siempre el énfasis central en la idea de igualdad material. Si la teoría de la dependencia y el estructuralismo promovidos por la Cepal se basaban en que había una enorme desigualdad entre los países desarrollados y los latinoamericanos, que los primeros explotaban en su beneficio, y que había oligarquías que coludidas con el capitalismo internacional explotaban a los pueblos de la región, la argumentación populista de hoy no es muy distinta. Siempre se alega que hay un grupo que tiene demasiado y otro muy poco y por tanto debe confiscarse al que tiene más para repartir, sin distinguirse si esa riqueza fue obra de un trabajo honesto o de la trampa y privilegios arbitrarios otorgados por el Estado.

No cabe duda, por supuesto, de que en nuestros países existen élites empresariales y sindicales bastante corruptas que han buscado enriquecerse mediante sus contactos con el poder político y los privilegios que así pueden obtener. Pero hay menos dudas aun de que cada vez que el populista llega al poder para hacer "más iguales" a todos, lo que hace es concentrar el poder en sus manos incrementando la desigualdad y condenando a la población a mayor miseria material. Los mismo se aplica a todo intento revolucionario que hayamos conocido, siendo Cuba el ejemplo más patológico. Baste considerar que Fidel Castro, el profeta de la igualdad por excelencia en nuestra región, es según la revista *Forbes* uno de los políticos más ricos del mundo con un patrimonio avaluado en 900 millones de dólares[110]. Confirmando la estimación de *Forbes*, el año 2014 un

---

109   Ver: http://www.casarosada.gob.ar/slider-principal/28647-kirchner-y-chavez-vinieron-a-encender-los-fuegos-de-la-igualdad-afirmo-la-presidenta Última visita: 25-10-2015.

110   Ver: http://www.cbsnews.com/news/castro-i-am-not-rich/ Última visita: 25-10-2015.

exguardaespalda de Castro publicó un libro sobre la vida secreta del tirano en el que sostuvo que "contrario a lo que siempre ha dicho, Fidel nunca renunció a las comodidades capitalistas o eligió vivir en la austeridad. Por el contrario, su modo de vida es el de un capitalista sin ningún tipo de límite"[111]. Y añadía que el dictador "nunca consideró que estaba obligado por su discurso a llevar una vida austera de buen revolucionario"[112].

Otro tanto pasa con Chávez y su régimen hoy encabezado por Maduro, o los Kirchner, o la manchada Dilma Rousseff o la familia Bachelet, hoy envuelta en grandes escándalos de corrupción. Ellos y tantos otros gobernantes latinoamericanos que se hicieron millonarios mientras pontificaban sobre la igualdad. Obviamente esto se aplica a izquierdas y derechas —la corrupción de Menem en Argentina y Fujimori en Perú, por ejemplo—, pero lo específico del caso de las izquierdas es que hacen, como Fidel, de la igualdad su gran bandera de lucha mientras se llenan los bolsillos. ¿Cómo puede ocurrir esto? La respuesta la daría, una vez más, George Orwell en su célebre *Rebelión en la granja*. Al final —dice Orwell—, los predicadores de la igualdad que lideran la revolución, en realidad, lo que quieren no es abolir los privilegios, sino transferírselos a sí mismos y asegurárselos para siempre. Entonces el régimen que vienen a instaurar es mucho más radical y crudo que el anterior porque ahora ellos deben asegurarse de que no les pase lo mismo que a quienes desbancaron.

Esto es algo que los latinoamericanos debemos entender de una vez: siempre es una élite la que reemplaza a otra y por lo general la nueva es mucho peor que la anterior. Nadie que haga una revolución en la historia ha llegado al poder para después dejarlo. Y ningún revolucionario ha legado a su sociedad una situación mejor que la que destruyó. Con todo lo que se pueda criticar el régimen y el ordenamiento institucional venezolano antes de Chávez, no cabe duda alguna de que este era preferible al actual. También la Cuba de Batista, a pesar de que merece ser condenada por varias razones, era en varios aspec-

---

111   The Guardian, Fidel Castro lived like a king in Cuba, book claims, 21 de Mayo, 2014. Disponible en: http://www.theguardian.com/world/2014/may/21/ fidel-castro-lived-like-king-cuba Última visita: 25-10-2015.

112   Idem.

tos preferible a la de los hermanos Castro. En todas ellas, así como la de Salvador Allende en Chile, la de Velasco Alvarado en Perú, la de los sandinistas en Nicaragua, la revolución filofascista de Perón en Argentina, la de Morales en Bolivia, la de Correa en Ecuador, entre tantas otras, lo que había y hay detrás es la igualdad orwelliana, es decir, la vieja ley de que somos todos iguales pero "unos somos más iguales que otros". El populismo, sin duda, hace a unos más iguales que a otros. Por eso, cuando el presidente de la juventud del partido socialista argentino dijo que quería "una verdadera alternativa progresista para la Argentina, que cambie el populismo que no soluciona los problemas de fondo, por mayor democracia y más igualdad"[113] no estaba entendiendo el problema. Si quiere una alternativa real para Argentina —lo mismo se aplica para el resto de la región—, lo que se necesita es más libertad, la que se sigue de la igualdad ante la ley y no más igualdad material, que es la que se busca a través de la ley llevando a los gobernantes a extender su poder ilimitadamente.

Es evidente que utilizando esa excusa igualitarista los populistas llevan a que se destape el cáncer de la corrupción. Una editorial de *The Economist* de hace unos años dedicada a los Kirchner, bajo el título "Socialismo para los enemigos, capitalismo para los amigos", explicaba cómo en Argentina Néstor y Cristina Kirchner se habían visto involucrados en escándalos de corrupción y han otorgado todo tipo de beneficios y privilegios a sus amigos permitiéndoles hacerse ricos a expensas de los argentinos. La prestigiosa revista británica concluía señalando que "los Kirchner han dejado su país con instituciones más débiles, una economía en la que el Estado juega un papel mucho más importante y en el que los contactos políticos a menudo hacen la diferencia entre el éxito y el fracaso"[114].

Venezuela es ciertamente un caso aún más delirante sobre los resultados del socialismo del siglo XXI y de políticas populistas. Lo cierto es que la corrupción en Venezuela está completamente desbocada. Tanto así que en el famoso *ranking* de Transparencia Internacional,

---

113   http://www.elciudadanoweb.com/hay-que-cambiar-populismo-por-democracia-e-igualdad/ Última visita: 25-10-2015.

114   *The Economist,* Socialism for foes, capitalism for friends, 25 de febrero, 2010.

que mide el nivel de corrupción en 174 países, en 2014 Venezuela obtuvo el puesto 161, por debajo de Zimbawe y estuvo al nivel de países como Haití, Angola, Afganistán y Corea del Norte. Argentina, por su parte, alcanzó la posición 107; Ecuador, la 110; Guatemala, la 115; Bolivia y México, la 103; Brasil, la 69 y Perú, la 85[115]. Los únicos países destacados en América Latina fueron Chile y Uruguay, en el puesto 21, justo dos de los países con más libertad económica.

La corrupción es un problema regional y no es nueva, pero claramente en los países del socialismo del siglo XXI esta llega a niveles extremos producto del intervencionismo estatal en todo ámbito de cosas. Volvamos al caso de Venezuela para apreciar en toda su magnitud el desastre legado por el populismo socialista. Digamos primero que no cabe duda de que la región es extremadamente dependiente de materias primas y que todos los indicadores económicos y sociales se ven afectados por la variación en sus precios. Esto significa que, por un tiempo, aun con un gobierno populista de políticas económicas desastrosas, el país puede ver incrementados algunos números debido a los altos ingresos que se obtienen de las ventas de *commodities*. Pero en términos generales, una vez aislados los efectos positivos del alza en los precios de materias primas, el populismo lo que logra es aumentar la desigualdad, la corrupción y destruir la economía y la seguridad pública. *The Globe and Mail* publicaba hace unos años un editorial que reflejaba perfectamente este punto bajo el título "El populismo socialista de Chávez perpetúa la desigualdad". En ella, el diario sostenía que no solo el régimen chavista había incrementado la desigualdad, sino que había fracasado completamente en crear riqueza de manera sostenida llevando a una explosión de la criminalidad en el país[116]. Más recientemente *The Economist* reportaba de manera

---

115   Corruption Perception Index 2014, Transparency International, disponible en: http://www.transparency.org/cpi2014/results Última visita: 25-10-2015.

116   The Globe and Mail, Chavez's socialist populism perpetuates inequality, 23 de agosto 2010. Disponible en: http://www.theglobeandmail.com/globe-debate/editorials/chavezs-socialist-populism-perpetuates-inequality/article4324887/ Última visita: 25-10-2015.

elocuente la miseria a la que las políticas socialistas han condenado a la población venezolana:

> Dieciséis años después de que Hugo Chávez asumió el poder en Venezuela y dos años después de su muerte su "Revolución Bolivariana" se enfrenta a las amenazas más graves para su supervivencia. El régimen se está quedando sin dinero para importar necesidades y pagar sus deudas. Hay escasez de bienes básicos, de leche y harina, hasta champú y pañales desechables. Colas, a menudo de varios centenares de personas, se forman cada día afuera de los supermercados. Diez pacientes del Hospital Universitario de Caracas murieron durante el período de Navidad a causa de la escasez de las válvulas del corazón[117].

A lo sumo, se puede decir que el populismo socialista ha logrado cierta igualdad pero en la miseria. Lo importante del caso venezolano es extraer la obvia lección para el resto de América Latina: que la corrupción y la miseria son la consecuencia inevitable de políticos y gobiernos con demasiado poder sobre la economía. Pues es evidente que si el gobernante controla todo y decide quién recibe qué cosa se va a arreglar con sus amigos como lo hacían los Kirchner. Un sistema así no puede generar riqueza en el mediano plazo porque los incentivos están puestos para saquear al resto y no para innovar o crear valor. Por eso los países con más libertad económica en el mundo tienen mayor calidad de vida en todos los indicadores y menos corrupción. De hecho, en el índice de Transparencia Internacional los primeros lugares casi coinciden con los primeros lugares del índice de libertad económica antes citado.

La solución a un sistema mercantilista y corrupto de privilegios no puede ser más Estado, pues es el mismo Estado el que crea ese sistema al cerrar la competencia mediante regulaciones, impuestos, burocracia, subsidios, cuotas de exportación e importación, nacionalizaciones, etc. No es entonces el "liberalismo" sino su opuesto —el socialismo, el estatismo y el populismo— el que corrompe los países y los condena a la miseria.

La corrupción fue por cierto también generalizada en los países comunistas y en la Alemania nazi, donde los estados —es decir, el

---

117 *The Economist*, The revolution at bay, 14 de febrero, 2015.

poder de los gobernantes— no tenía límites. Los profesores Randall Holcombe y Andrea Castillo han explicado esto en un interesante trabajo. Según cuentan los académicos, en China, luego de la revolución comunista, se colectivizó la tierra en "comunas populares" que tenían tres niveles: grupos de producción local de cerca de 25 hogares, brigadas de producción de alrededor de 200 hogares y comunas completas de 2.600 hogares[118]. El poder supremo sobre toda la estructura la tenía un líder comunal que vigilaba absolutamente todos los aspectos de la vida diaria. Estos líderes se enriquecían a costas de la comunidad utilizando el poder que tenían para fijar precios, asignar subvenciones y cupones de racionamiento, que muchas veces robaban o remataban al mejor postor. Las comunas, arruinadas por la colectivización y saqueadas por sus líderes representaban en China el máximo del ideal comunista hasta que Deng Xiaoping comenzó a liberalizar el sistema en 1978.

Con las reformas promercado, Deng Xiaoping permitió que las comunas asignaran derechos de propiedad restableciendo la relación entre ingreso y desempeño personal que antes había sido destruida por la colectivización. Como resultado, la producción explotó y la corrupción disminuyó radicalmente. Holcombe y Castillo dicen que "las reformas —liberales— drásticamente disminuyeron la habilidad de los líderes y afiliados al partido de enriquecerse a costas de sus representados", debido a que los retornos sobre la actividad privada eran mayores que aquellos obtenidos mediante la corrupción de los oficiales del gobierno[119]. La Alemania nazi y la Italia fascista fueron también otros casos de corrupción desatada producto del control total que ejercía el Estado sobre la economía. Incluso un filósofo y psicoanalista como Erich Fromm reconocería esto cuando sostuvo que la política económica de los nazis había arruinado a todas las clases sociales pero había servido a los intereses de los grupos industriales más poderosos[120]. Cuando los nazis llegaron al poder fijaron precios, prohibieron actividades económicas, establecieron cuotas, licen-

---

118   Randall Holcombe, Andrea Castillo, Liberalism and Cronism, Mercatus Center, George Mason University, Arlington, 2013, p. 32.

119   Ibid., p. 34.

120   Erich Fromm, *El miedo a la libertad,* Paidós, México, 2012, p. 121.

cias y diversas regulaciones llegando a controlar toda la economía. Holcombe y Castillo explican el resultado:

> El mayor rol del Estado en la economía creó incentivos para que los empresarios y los intereses especiales cultivaran relaciones con los miembros más poderosos del partido, quienes podían doblar o reescribir las reglas en beneficio de dichos grupos. El favoritismo económico y político en el Tercer Reich fue institucionalizado a través de legislación directa e informal. Como resultado, la corrupción fue ampliamente prevaleciente en la Alemania fascista[121].

Los mismos autores explican que fue solo después de la guerra, con la liberalización llevada a cabo en la Alemania occidental, que la corrupción del sistema estatista de los nazis disminuyó radicalmente, permitiendo a las empresas reenfocarse en satisfacer las necesidades de los consumidores en lugar de seducir a políticos con influencia[122]. Pocos han sido más claros en exponer la esencia del problema que venimos tratando que el profesor de la Universidad de Chicago Luigi Zingales. Analizando cómo la expansión del Estado ha ido corrompiendo el sistema político y económico en Estados Unidos, Zingales sostiene que "cuando el gobierno es pequeño y relativamente débil la forma más eficiente de ganar dinero es comenzar un negocio exitoso en el sector privado. Pero mientras más se amplía la esfera de gasto del gobierno, más fácil es ganar dinero desviando recursos públicos"[123]. Un sistema de amplia libertad económica es, por lo mismo, menos proclive a la corrupción, mientras que uno intervencionista la fomenta. Los primeros pensadores liberales eran perfectamente conscientes de que grupos de interés político y económico iban siempre a coludirse para beneficiarse a expensas de todo el resto. Tanto así que Adam Smith escribió todo su libro *La riqueza de las naciones* básicamente con el fin de atacar el corrupto sistema mercantilista que existía en su época y que aún hoy predomina en América Latina. Veamos lo que dice Smith sobre la corrupción que engendra el acercamiento entre intereses políticos y económicos:

---

121   Holcombe y Castillo, p. 40.
122   Ibid., p. 44.
123   Luigi Zingales, *A Capitalism for the People,* Basic Books, New York, 2012, p. 6.

El interés de los *dealers* en cualquier rama del comercio o de las manufacturas es siempre distinto e incluso opuesto al del público. Ampliar los mercados y cerrar la competencia es siempre el interés del empresario... la propuesta de cualquier regulación que venga de este orden de hombres... viene de un orden de hombres cuyos intereses nunca son exactamente los mismos que los del público y que en general tienen el interés de engañar y oprimir al público[124].

Como se ve, solo alguien que no conoce el liberalismo puede sostener que este pretende beneficiar intereses en particular. La verdad es que desde tiempos de Smith todo el programa liberal lo que buscó fue reducir el poder de los grandes grupos obligándolos a competir en igualdad de condiciones con otros. Para eso lo que hay que hacer es sacar al Estado y reducirlo a sus funciones fundamentales, de modo que los incentivos de comprar a políticos y burócratas sea menor que el de dedicarse a actividades productivas.

---

124   Adam Smith, *The Wealth of Nations,* Barnes & Noble, New York, 2004, p. 181.

CAPÍTULO II

LA HEGEMONÍA CULTURAL COMO FUNDAMENTO DEL POPULISMO

Lo que ha sucedido en América Latina es una apropiación social de la democracia, como el espacio propicio para la hegemonía, la hegemonía entendida en el sentido 'gramsciano' del liderazgo intelectual, de liderazgo cultural, de liderazgo ideológico, de liderazgo político.

ÁLVARO GARCÍA LINERA, 2014

En la discusión cotidiana sobre el fenómeno populista, el papel de la cultura y de las ideas no se trata a fondo. Las explicaciones económicas suelen prevalecer centrándose en factores materiales tales como la abundancia de materias primas que incentivan el discurso redistributivo, la existencia de amplios sectores de la población en condiciones de pobreza y la debilidad institucional, entre otros. Todos estos son factores relevantes, sin duda, pero no necesariamente de mayor impacto que las creencias que predominan en una sociedad. En el caso de América Latina y España, el rol de los intelectuales, de la cultura y de instituciones como la Iglesia católica ha sido determinante en la prevalencia de discursos e ideologías que conducen a políticas ruinosas para la región, e incluso han contribuido decisivamente a que países como Argentina y Chile destruyan los fundamentos de su éxito. Expliquemos cómo han operado estas lógicas de hegemonía y el alcance que han tenido en el caso particular del llamado "socialismo del siglo xxi".

El rol de los intelectuales y la manipulación del lenguaje en el avance del populismo

Para entender el fenómeno populista, especialmente en su variante totalitaria, es fundamental saber que este se sirve de todo un lenguaje y un aparataje intelectual creado especialmente para destruir la libertad y justificar las aspiraciones de poder del líder. Ya vimos que el término "neoliberalismo" es uno de ellos y que al final se utiliza para expandir el tamaño del Estado y arruinar las economías de nuestros países. Pero hay muchos otros. Como veremos más adelante, el socialismo del siglo xxi en Venezuela ha desarrollado todo un programa para crear lo que George Orwell denominó "neolengua" (*newspeak*) con el fin de corromper el pensamiento y hacer aceptable su proyecto de control total del poder. Pero antes de entrar a analizar en concreto la construcción de hegemonía cultural por parte de la izquierda, veamos en términos generales la importancia que tiene el lenguaje en la lucha por el poder. Pocos expondrían la relevancia táctica de este asunto de manera más directa que el intelectual marxista Louis Althusser. En una entrevista publicada bajo el título *La filosofía como arma de la revolución*, Althusser planteaba:

> ¿Por qué razón la filosofía lucha en torno a las palabras? Las realidades de la lucha de clases están "representadas" por medio de ideas que son "representadas" por medio de palabras. En la lucha política, ideológica y filosófica, las palabras también son armas, explosivos, calmantes y venenos[1].

Así de sencillo. Las realidades que usted y yo representamos en nuestra mente las representamos a través del lenguaje y este no es neutro: tiene cargas valorativas y emotivas que llevan a las personas a rechazar o aceptar determinadas ideas, instituciones e incluso siste-

---

1   Luis Althusser, *La filosofía como arma de la revolución*, Cuadernos del Pasado y Presente /4, 3ra. Edición, Córdoba, 1971, pp.19-20.

mas económicos y sociales completos. Como hemos visto, cualquier cosa etiquetada como "neoliberal", aunque produzca resultados extraordinarios, será rechazada, pues el rechazo al concepto es visceral y no racional.

En su famoso ensayo sobre el idioma inglés y la política, *Politics and the English Language*, Orwell, un socialista reformista antitotalitario que se convertiría en uno de los críticos más demoledores del comunismo, explicó que el lenguaje, especialmente el político, era la herramienta más efectiva para manipular las mentes de las masas[2]. Los peores crímenes —sostuvo Orwell— pueden ser defendidos simplemente cambiando las palabras con las cuales se les describe para hacerlos digeribles e incluso atractivos. Así, por ejemplo, a la destrucción de pueblos indefensos y al asesinato de inocentes se le llama "pacificación" y al robo masivo de tierras de campesinos que son expulsados de ellas se le llama "transferencia de población"[3].

En su novela *1984,* una alegoría del totalitarismo soviético, Orwell insistiría en esta idea. En la obra, el régimen totalitario ha llamado "ministerio de la paz" al ministerio de la guerra, "ministerio de la verdad" al ministerio que hace la propaganda oficial del gobierno, "ministerio de la abundancia" al ministerio encargado de racionar los alimentos y controlar a la población mediante el hambre y "ministerio del amor" al órgano encargado de perseguir, torturar y aniquilar opositores al régimen.

Para Orwell, entonces, una de las armas esenciales del totalitarismo, particularmente del comunista, es la manipulación del lenguaje. La razón —dice el escritor británico— es que si se corrompe el lenguaje se corrompe el pensamiento y con ello se termina por destruir la democracia y la libertad, pues ambas reposan sobre verdades que ya no son reflejadas en el lenguaje. En una notable reflexión que sin duda mantiene su validez hasta el día de hoy, Orwell dijo: "el lenguaje político está diseñado para hacer que las mentiras suenen verdaderas, el asesinato respetable y para dar apariencia de solidez

---

2   George Orwell, *Politics and the English Language,* 1946, disponible en: https://www.mtholyoke.edu/acad/intrel/orwell46.htm Última visita: 25-10-2015.

3   Idem.

al mero viento"[4]. Conocedor de la izquierda política e intelectual como pocos, Orwell entendió perfectamente su estrategia totalitaria alertando que ciertos conceptos pueden ser, en palabras de Althusser, verdaderos "explosivos o venenos" al corromper el pensamiento. Por eso el socialismo atribuye una importancia central a la creación y tergiversación de palabras. Althusser dice:

> Este combate filosófico por las palabras es una parte del comba-te político. La filosofía marxista-leninista no puede realizar su trabajo teórico, abstracto, riguroso, sistemático sino con la condición de luchar también por palabras muy sabias (concepto, teoría, dialéctica, aliena-ción, etc...) y sobre palabras muy simples (hombres, masas, pueblo, lu-cha de clases)[5].

Se le atribuye al mismo Orwell el haber dicho alguna vez que hay ideas tan absurdas que solo un intelectual es capaz de creerlas. Cuando analizamos la historia de nuestra región, pero también de Europa, y vemos cómo ideologías tan evidentemente falsas y gro-tescas como el marxismo y el nacionalsocialismo tuvieron tanto éxi-to entre gente educada, solo podemos concluir que los intelectuales en general, lejos de ser una garantía para nuestro progreso, son los principales enemigos de él. Tanto así que Joseph Schumpeter llegó a predecir que en el mundo capitalista serían los intelectuales quienes destruirían el sistema de mercado al dinamitar su legitimidad. Según Schumpeter, las masas no desarrollan ideas propias sino que siguen aquellas ideas puestas de moda por los intelectuales, y estos, en gene-ral, son hostiles al capitalismo porque va en su interés el organizarse para activar el resentimiento en contra de él[6].

La historia de América Latina da la razón a Schumpeter. Como hemos visto en el capítulo anterior, toda la teoría de la dependen-cia que arruinó a América Latina por décadas fue promovida y de-sarrollada por intelectuales altamente preparados e inteligentes que buscaban posiciones de poder e influencia. Hoy vemos que miles de

---

4   Idem.

5   Louis Althusser, La filosofía como arma de la revolución. Cuadernos del pasado y presente / 4. Córdoba, 1971, p. 20.

6   Joseph Schumpeter, *Capitalism, Socialism and Democracy*, Harperperennial, New York, 2008, p. 145.

académicos e intelectuales apoyan a nuestros líderes populistas con vocación totalitaria. Más adelante entraremos en el detalle sobre los fundamentos intelectuales del populismo. Lo que debemos dejar claro, por ahora, es que la influencia de los intelectuales y las ideas es decisiva. Como dijo Thomas Sowell, afroamericano y excomunista que llegara a ser parte del prestigioso Hoover Institution de la Universidad de Stanford:

> Cuando aquellos que generan ideas, los intelectuales, se encuentran rodeados de una amplia penumbra de aquellos que difunden las ideas —ya sea periodistas, profesores, miembros del personal, pasando por legisladores, curas y jueces— su influencia en el curso de la evolución social puede ser considerable e incluso determinante[7].

El porqué los intelectuales en general prefieren el socialismo se debe en parte a que a la mayoría de ellos no les interesa la verdad sino imponer su visión del mundo, cualquiera sea el costo que otros deban pagar. Revel explicaría este fenómeno criticando a los intelectuales de izquierda que apoyaban al régimen soviético a sabiendas de su naturaleza genocida. Según Revel, "lo que, en efecto, hace la superioridad del intelectual sobre el resto de la especie *Homo sapiens*, es que tiende, no sólo a ignorar por pereza los conocimientos de que dispone, sino a abolirlos deliberadamente cuando se oponen a la tesis que él quiere acreditar"[8]. Así, la realidad simplemente no interesa a los intelectuales socialistas que quieren ver su proyecto totalitario o estatista consolidado a como dé lugar.

En esta misma línea, el premio nobel de economía Douglass North explicó que "las ideologías son materias de fe antes que de razón, y subsisten pese a las abrumadoras pruebas en contrario"[9]. En ninguna parte puede ser esto más cierto que en América Latina, donde las ideologías proliferan de la mano de intelectuales que pretenden una y otra vez llevar adelante sus proyectos socialistas fra-

---

7 Thomas Sowell, *Intellectuals and Society*, Basic Books, New York, 2009, p. v.

8 Jean Francois Revel, *El conocimiento inútil*, Planeta, Barcelona, 1989, p. 215.

9 Douglass North, "¿Qué queremos decir cuando hablamos de racionalidad?", en: *Revista Estudios Públicos* No. 53, Santiago, 1994, p. 3.

casados, condenando a las poblaciones completas a la opresión y la miseria. Un ejemplo que ilustra a la perfección el carácter socialista e ideológico de la tradición intelectual latinoamericana se encuentra cuando se pregunta por *Latin American Philosophy* en el buscador *online* del diccionario de filosofía de la prestigiosa Universidad de Stanford en Estados Unidos. Aparte de decir que no tenemos una tradición filosófica relevante desde un punto de vista global, el diccionario señala que el interés central de los filósofos latinoamericanos ha sido siempre en temas sociales, a diferencia de Estados Unidos donde ello no es tan relevante[10]. Más interesante aún es lo que dice después la enciclopedia de la Universidad de Stanford. Vale la pena reproducir el texto para entender lo decisivo que es y ha sido el mundo intelectual en definir nuestro derrotero populista-socialista:

> América Latina ha tenido una larga y notable historia de receptividad del pensamiento socialista. Su introducción data desde el siglo XIX… En América Latina el marxismo ha sido diverso en sus particularidades filosóficas y se encuentra sujeto a un permanente trabajo. Las formas de marxismo latinoamericano están dedicadas a lo siguiente: 1) fin del imperialismo, neocolonialismo y opresión de clases a través del cambio socialista democrático o revolucionario; 2) una forma de socialismo humanista basado en a) terminar el sistema capitalista de explotación del hombre por el hombre y; b) sostener un modelo de dignidad basado en igualdad económica y social; 3) una concepción de la filosofía como el compromiso de entender el mundo en todos sus aspectos dinámicos e interrelacionados, teorizar el significado del capitalismo y el socialismo, y el esclarecimiento de actuar en consecuencia. La conciencia de clase de los trabajadores, el proletariado o la gente se considera típicamente como un importante motor de cambio social. Por último, vale la pena notar que el modelo influyente de Antonio Gramsci de 'intelectuales orgánicos' —que apoyan la revolución social con importantes perspectivas— encontró resonancia en un amplio rango de intelectuales de izquierda que prestaron su apoyo a los movimientos revolucionarios marxistas en Cuba, Nicaragua y en otros lugares[11].

---

10 Ver: http://plato.stanford.edu/entries/latin-american-philosophy/#LatAmePhiIde Última visita: 25-10-2015.

11 Idem.

Y, finalmente, Stanford confirma que la hegemonía intelectual en América Latina es ejercida por la izquierda de origen marxista:

> La popularidad de la perspectiva marxista ha hecho posible su creciente institucionalización y su impacto generalizado en prácticamente todas las perspectivas filosóficas activas en Latinoamérica... no es una exageración decir que, en términos generales, los temas marxistas están ampliamente presentes en la filosofía latinoamericana, aun cuando los filósofos que persiguen un programa de investigación filosófica exclusivamente marxista siguen siendo una minoría[12].

Según una fuente puramente académica y neutral como la Universidad de Stanford, todo el pensamiento filosófico latinoamericano se encuentra atravesado de marxismo y ha tenido un impacto institucional considerable. Esto, debemos insistir, es de la máxima relevancia. Hayek, en su artículo *Los intelectuales y el socialismo*, explicó que el socialismo nunca fue el producto de la clase obrera sino de élites intelectuales que pasaron mucho tiempo teorizando y difundiendo las ideas hasta que estas fueron cada vez más aceptadas por la clase obrera[13]. Para ello fue fundamental el rol de lo que Hayek llama "distribuidores de segunda mano" como periodistas, artistas, escritores, y otros quienes definen la opinión general al ser la fuente de información de las mayorías. Particularmente importante en la creación de un clima de opinión favorable al socialismo —dice Hayek— es el rol de los filósofos, precisamente lo que está perdido en América Latina y sin duda también en España. Según Hayek, las ideas de la sociedad libre fueron derrotadas a ese nivel en la Europa que terminó dominada por movimientos populistas y totalitarios como el fascismo y el socialismo:

> El hecho de que los gustos de los intelectuales se mostraran mejor satisfechos por las especulaciones de los socialistas resultó fatal para la influencia de la tradición liberal. Una vez que las demandas básicas de los programas liberales parecían satisfechas, los pensadores liberales se volvieron a los problemas de detalle y tendían a descuidar

---

12   Idem.

13   Friedrich Hayek, *Los intelectuales y el socialismo*, disponible en: https://studentsforliberty.org/wp-content/uploads/2012/05/Hayek-Los-Intelectuales-y-el-Socialismo11.pdf Última visita: 25-10-2015.

el desarrollo de la filosofía general del liberalismo, que, en consecuencia, dejó de ser un asunto de alcance, ofreciendo una visión para
la especulación general[14].

Así las cosas, las ideas y creencias que surgen desde las esferas
intelectuales, especialmente a nivel de filósofos, y que luego son dis-
tribuidas en los medios de comunicación, universidades y la cultura
en general, son un motor del cambio social e institucional insustitui-
ble. Un estudio más reciente de Wayne Leighton y Edward López
publicado por la misma Universidad de Stanford, confirma la tesis
de Hayek. Según los autores, las ideas llevan a ciertas instituciones
que crean incentivos dando origen a ciertos resultados. En palabras
de López y Leighton, "así como una sociedad que es pobre en capital
produce poco valor de consumo, una sociedad que es pobre en ideas
e instituciones tendrá malos incentivos y por tanto pocos de los resultados que la gente desea"[15].

Para los autores, si bien hay otras circunstancias que afectan el
clima de opinión e ideas, el rol de los intelectuales es fundamental
como motor del cambio político e institucional. En la reflexión final
de su libro, concluyen que el surgimiento de buenas y malas ideas
puede cambiar las instituciones teniendo "un impacto perdurable sobre la condición humana" llevando a la tiranía o libertad, la pobreza
o la riqueza, la guerra o la paz[16].

Solo cabría preguntarse, después de este análisis, cómo le iría a
América Latina si en lugar del marxismo, el mercantilismo y el socialismo en sus diversas variantes, las ideas que predominaran en la discusión académica y política fueran las de la sociedad libre: el respeto
por los derechos de propiedad, la libre competencia, la estabilidad
monetaria, la protección de las inversiones nacionales y extranjeras,
el respeto por la libertad de expresión, por las libertades políticas, la
libertad de emprender, la democracia liberal, la ausencia de privilegios estatales, la apertura comercial, el gobierno limitado y el Estado
de derecho.

---

14 Ibid., p. 11.
15 Wayne Leighton y Edward López, *Madmen, Intellectuals, and Academic
Scribblers,* Stanford University Press, Stanford, California, 2013, p. 119.
16 Ibid., p. 190.

Gramsci, Pablo Iglesias y el proyecto populista en España

No es un dato menor el que la *Stanford Encyclopedia of Philosophy*, al analizar la influencia intelectual marxista en América Latina, haya reparado en la figura del teórico italiano Antonio Gramsci y su concepto de intelectuales orgánicos. No sería una exageración decir que Gramsci es uno de los intelectuales más influyentes que haya producido el marxismo. Bien vale la pena entonces dedicarle algunas líneas a su pensamiento, pues resulta fundamental para entender la naturaleza del fenómeno populista socialista que hoy afecta con particular virulencia a América Latina, e incluso amenaza a países como España y Grecia.

Gramsci fue presidente y fundador del partido comunista italiano y escribió sobre una gran variedad de temas. Lo más conocido de su trabajo es la idea de *hegemonía cultural* y el rol que los intelectuales deben cumplir en su construcción. Según Gramsci, la mejor forma de construir un orden socialista no era por la vía revolucionaria violenta que promovían los marxistas leninistas, sino mediante una gradual y persistente transformación de las diversas instituciones, ideas y valores que predominaban en una sociedad. Como ha explicado Thomas Bates, la premisa central del pensamiento gramsciano es que los seres humanos no estamos regidos solo por la fuerza sino también por ideas[17].

Según el pensador italiano, toda clase dirigente basa su poder en última instancia en la legitimidad que tienen a nivel popular las instituciones que les permiten tener ese poder. Así por ejemplo, en su análisis sobre la formación de los intelectuales, Gramsci afirma que los diversos grupos sociales que surgen vinculados a actividades económicas son acompañados de "intelectuales orgánicos" que les dan homogeneidad y les permiten operar. El empresario capitalista —dice Gramsci— es el caso más claro, pues este requiere de una serie de expertos y técnicos que hacen posible su función, pero además requiere de intelectuales que operen como organizadores capaces de

---

17   Thomas R. Bates Gramsci and the Theory of Hegemony, *Journal of the History of Ideas*, Vol. 36, No. 2 (Apr. - Jun., 1975), Published by: University of Pennsylvania Press, p. 351.

promover a todo nivel, incluyendo el estatal, las instituciones que permiten la expansión de su clase[18].

Son los intelectuales los encargados de construir lo que Gramsci llama "hegemonía". Esta implica que quienes gobiernan o lideran un país deben contar con credibilidad y legitimidad frente a aquellos que son liderados, de lo contrario el sistema debe basarse exclusivamente en el uso de la fuerza y eso no es sostenible en el largo plazo. La hegemonía consiste en convencer a quienes son gobernados por el sistema establecido y protegido por el poder estatal, y eso es un trabajo que debe realizarse a nivel de ideas y cultura. De este modo, a diferencia de Marx, quien pensaba que las ideologías dominantes en una sociedad no eran más que el reflejo de la infraestructura económica imperante y por tanto esta debía cambiarse violentamente para cambiar la ideología, Gramsci creía que la lógica era la inversa: si se cambiaban las ideas y la cultura dominantes en una sociedad, terminarían por transformarse las instituciones sobre las que descansaba el capitalismo, dando legitimidad a una nueva clase dirigente y a un nuevo sistema. Mientras para Marx la batalla era una de tipo revolucionaria armada, para Gramsci era sobre todo una intelectual y cultural.

Según Gramsci, los seres humanos somos sobre todo espíritu y nuestra consciencia evoluciona gradualmente hasta que las categorías de representación de la realidad han cambiado lo suficiente como para transformar el orden institucional y social bajo el que vivimos. La revolución socialista es así, ante todo, una conquista cultural que cambia nuestra forma de ver el mundo porque la cultura es "organización, disciplina del yo interior, apoderamiento de la personalidad propia, conquista de superior consciencia por la cual se llega a comprender el valor histórico que uno tiene, su función en la vida, sus derechos y sus deberes"[19]. Por eso, dice Gramsci, "toda revolución ha sido precedida por un intenso trabajo de crítica, de penetración cultural, de permeación de ideas a través de agregados humanos al

---

18   Antonio Gramsci, *La formación de los intelectuales*, Grijalbo, México, 1967, p. 22.

19   Antonio Gramsci, *Socialism and Culture, Gramsci Reader*, ed. by David Forgacs, New York University Press, New York, 2000, p. 57.

principio refractarios y sólo atentos a resolver día a día, hora por hora, y para ellos mismos su problema económico y político, sin vínculos de solidaridad con los demás que se encontraban en las mismas condiciones"[20].

Para Gramsci, la forma de desbancar el capitalismo y el individualismo es transformando la cultura para cambiar la conciencia. Por eso, según el italiano, "socialismo es organización, y no sólo organización política y económica, sino también y especialmente de saber y de voluntad, lograda a través de la actividad cultural"[21]. Para lograr lo anterior, Gramsci pensaba que era fundamental organizar la escuela de acuerdo con principios comunistas, así como infiltrar todas las instituciones de la sociedad civil posibles, incluyendo iglesia y universidades, con el fin de construir la hegemonía cultural que permitiría el avenimiento del orden socialista. Según Gramsci, existían dos esferas básicas de hegemonía: la "sociedad civil", compuesta por clubes, asociaciones voluntarias, iglesias y todo tipo de organizaciones privadas, y la "sociedad política", compuesta por las instituciones estatales como cortes, oficinas públicas y todo lo que constituye el Estado.

La sociedad civil es aquella que define el tipo de conciencia que predominaría en una sociedad dando forma a la sociedad política, es decir, al Estado y sus leyes. Es en el espacio del mercado de las ideas donde distintas visiones compiten por la hegemonía. Los intelectuales cumplen la función de "vender" las ideas en esta esfera para construir hegemonía a favor de la clase que domina o la que quiere dominar. De este modo, los intelectuales aseguran el consentimiento de las masas gobernadas para las leyes y el orden que lideran los gobernantes[22]. Quien mejor entendiera este punto es Pablo Iglesias.

Según Iglesias, "Gramsci comprendió que el poder de las clases dominantes no solo se ejerce mediante instrumentos coercitivos o relaciones económicas derivadas del proceso productivo, sino

---

20   Ibid., p. 58.
21   Antonio Gramsci, Primero libres, Il Grido del Popolo, 736, 31 agosto de 1918. Disponible en: https://app.box.com/s/2u4epxwryaspcehk9caq Última visita: 25-10-2015.
22   Bates, p. 353.

también a través del control del sistema educativo, de la religión y de los medios de comunicación, y que por tanto la cultura es el terreno crucial de la lucha política"[23]. Para Gramsci —dice Iglesias—, "la hegemonía es el poder cultural del que goza la clase dominante para dirigir a la sociedad en una dirección que no solo sirve a sus intereses, sino que es asumida por el resto de los grupos como conforme a sus intereses"[24]. La tarea política fundamental, según Iglesias, consiste por lo tanto en la crítica de la cultura y de las ideologías dominantes. Dejando clarísima la estrategia del populismo socialista, Iglesias afirma que "para cualquier actor político que carezca de los fusiles de Mao, el terreno gramsciano es el único posible"[25]. Por lo mismo, insiste Iglesias, hay que "jugar la partida en la cultura y sus instituciones". Lo que se debe lograr —afirma— es "determinar lo que piensa la gente" poniendo énfasis en el control de la televisión y el internet[26]. Iglesias desarrolla esta reflexión en su blog:

> El poder en las sociedades avanzadas no sólo se expresa a través de mecanismos coercitivos, sino predominantemente a través del consentimiento y el consenso. La hegemonía es la capacidad orgánica de los sectores dominantes para convencer a las mayorías sociales de los relatos que justifican y explican el orden político. Los dispositivos de convencimiento son básicamente culturales (la escuela y la Iglesia son los ejemplos clásicos y los medios de comunicación el ejemplo de nuestro tiempo) y sirven para asentar las claves de los relatos hegemónicos. Ganar en la política hegemónica es básicamente convencer del propio relato[27].

En su proyecto hegemónico, Iglesias recoge la enseñanza de Althusser y afirma que es fundamental cambiar el lenguaje predominante para llevar a cabo este trabajo de penetración cultural y creación de nueva consciencia: "nunca se debe asumir el lenguaje del adversario político sino disputarlo", dice Iglesias, pues de este modo

---

23   Iglesias, *Disputar la democracia*, p. 47.
24   Idem.
25   Ibid., p. 48.
26   Idem.
27   Pablo Iglesias, Guerra de trincheras y estrategia electoral, Mayo 3, 2015. Disponible en: http://blogs.publico.es/pablo-iglesias/1025/guerra-de-trincheras-y-estrategia-electoral/ Última visita: 25-10-2015.

se disputa el sentido común instalado para cambiarlo por otro. Según Iglesias, Podemos ha intentado precisamente dar este combate ideológico en sus programas la *Tuerka* y *Fort Apache*, así como en los medios masivos de comunicación con sus intervenciones.

Iglesias es tan transparente respecto a su estrategia que incluso da un ejemplo sobre cómo Podemos utiliza el lenguaje para avanzar su causa populista: "La imposición en el lenguaje político español de la palabra *casta* para señalar a las élites políticas y económicas es un buen ejemplo de la política hegemónica de Podemos; la política por un nuevo relato de la crisis y por la forma de superarla"[28]. La conclusión general de Iglesias es reveladora en el sentido de confirmar que lo central en la contienda por el poder político son las ideas: "La nuestra ha tratado de ser una estrategia de combate político en la batalla de las ideas que se libra en los medios cuyo peso es fundamental a la hora de determinar cómo piensa la mayoría de la gente"[29].

Iglesias dice, entonces, que el campo de disputa de todo el proyecto fascipopulista que llevan adelante es la cultura y el terreno de las ideas. La lucha es así, ante todo, una de tipo intelectual y debe serlo porque, como "no tienen los fusiles de Mao", no pueden hacer la revolución armada para llegar al poder. Lo que deben hacer entonces es cambiar la hegemonía utilizando las estructuras democráticas para llegar a controlar el poder del Estado. Una vez instalados, proceden a avanzar hacia el socialismo. Lo que se debe llevar adelante —dice Iglesias— es lo que Gramsci llamaba "guerra de posiciones" y que consiste en ir gradualmente ganando terreno en el ámbito de la hegemonía cultural para preparar el camino a la victoria final. Gramsci la explicó en los siguientes términos:

> Sucede en el arte político lo que sucede en el arte militar: la guerra de movimientos se vuelve cada vez más guerra de posiciones y se puede decir que un Estado gana una guerra en cuanto que la prepara minuciosa y técnicamente en época de paz. La estructura masiva de las democracias modernas, tanto como organizaciones estatales cuanto como

---

28   Pablo Iglesias, Guerra de trincheras y estrategia electoral, Mayo 3, 2015. Disponible en: http://blogs.publico.es/pablo-iglesias/1025/guerra-de-trincheras-y-estrategia-electoral/ Última visita: 25-11-2015.
29   Iglesias, *Disputar la democracia,* p. 49.

complejo de asociaciones en la vida civil, constituyen para el arte político lo que las "trincheras" y las fortificaciones permanentes del frente en la guerra de posiciones: hacen solamente "parcial" el elemento del movimiento que antes era "toda" la guerra, etcétera[30].

La *guerra de movimiento* es la confrontación directa —por ejemplo, la revolución violenta—, mientras la *guerra de posiciones* es como las trincheras y tiene que ver con lograr hegemonía en la sociedad civil. Es el trabajo de penetración cultural paciente y sistemático que desarrolla un grupo social de la mano de intelectuales para, a partir de ahí, cambiar la estructura del Estado. Iglesias dijo refiriéndose a las elecciones de 2015:

> En los momentos de crisis orgánica, las campañas electorales son una guerra de trincheras simplificada. Las campañas representan el momento de la gloria o del fracaso de los estrategas políticos que pelean por imponer su relato sobre la base de consensos cambiantes, en el dificilísimo entorno de los medios de comunicación que son en sí mismos operadores políticos no neutrales… Esta campaña que comienza ahora es una guerra de trincheras por la imposición de un relato político; de cómo se imponga uno u otro dependerán en buena medida los resultados finales, toda vez que casi la mitad de los electores aún no han decidido su voto[31].

A Iglesias lo que le importa, más que ganar las elecciones en el corto plazo, es cambiar el relato político, es decir, consolidar posiciones que avancen la hegemonía cultural de su proyecto populista. El cálculo no es de corto sino de largo plazo: "Podemos nació para ganar las elecciones generales y que ninguna batalla previa, por importante que sea, nos va a distraer de la principal"[32], dice Iglesias. Lo mismo puede decirse sin duda de otros movimientos populistas como el fascismo en Italia y el nacionalsocialismo en Alemania, que fueron el producto del trabajo largo y paciente de un sinnúmero de intelectuales antes de convertirse en hegemonía política y cultural.

---

30 Antonio Gramsci, *Cuadernos de cárcel*, Tomo 5, Ediciones Era, México, 1985, p. 22.
31 Iglesias, Guerra de trincheras y estrategia electoral.
32 Idem.

Y en España, a pesar de que Podemos se ha visto debilitado, el socialismo también corre con ventaja.

Herman Tertsch, en su libro *Días de ira*, explica que la hegemonía de la izquierda en la cultura popular española es una realidad desde hace décadas. Particularmente, luego de la muerte de Franco, la dominación que la izquierda ejerce en las universidades de España es abrumadora. Tertsch dice que era esperable que después de una dictadura como la franquista se intensificara la presencia de la izquierda en los campus y el profesorado. Lo que no tiene sentido —dice— "es que cuarenta años después esas universidades estén firmemente secuestradas por un profesorado radical, anticapitalista, antioccidental y cada vez más extremista en sus posiciones"[33]. Según Tertsch, a diferencia de las demás universidades europeas que lograron sacudirse el radicalismo comunista y las utopías redentoras, en España las universidades se acoplaron "a un proceso muy común en Latinoamérica donde el indigenismo, el marxismo y el tercermundismo han mantenido, con una ideología anticapitalista y en gran parte comunista, un nivel de agitación máxima y pleno control"[34]. De este modo, las universidades españolas, influidas por el Foro de São Paulo, estudian hoy, según Tertsch, cómo combatir la globalización y el capitalismo[35].

Los padres intelectuales del socialismo del siglo XXI

Lo dicho hasta ahora nos permite entrar en el caso más extremo e influyente de populismo socialista visto en Occidente en los últimos treinta años: el socialismo del siglo XXI. Aunque Hugo Chávez probablemente comenzó su incursión política sin una ideología definida, no cabe duda de que finalmente su proyecto tuvo un componente ideológico que, si bien no fue del todo coherente, sí fue determinante.

En 2013 el diario venezolano *El Universal* publicaba una lista de los principales asesores intelectuales de Chávez[36]. Entre ellos men-

---

33   Hermann Tertsch, *Días de ira*, La esfera de los libros, Madrid, 2015, p. 90.
34   Idem.
35   Idem.
36   *El Universal*, Los asesores de Chávez, 24 de marzo de 2013. Disponible en: http://www.eluniversal.com/nacional-y-politica/130324/los-asesores-de-chavez Última visita: 25-10-2015.

cionaba al argentino Norberto Ceresole; a Ignacio Ramonet, director del diario francés *Le Monde Diplomatique* y propagandista del régimen; al alemán Heinz Dieterich, que acuñó el concepto "socialismo del siglo xxi"; al filósofo y lingüista estadounidense Noam Chomsky, quien, si bien no asesoró directamente a Chávez, inspiró su discurso antiimperialista; al filósofo marxista de origen húngaro István Mészáros; al español y asesor de Podemos Juan Carlos Monedero y al británico Alan Woods, quien dio a Chávez la justificación para nacionalizar toda la banca. A ellos puede agregarse la intelectual marxista chilena y cercana a Fidel Castro Marta Harnecker, que, instalada en Caracas, asesoró a Chávez y contribuyó al desarrollo del socialismo del siglo xxi.

Repasemos algunos de estos nombres para entender el ADN ideológico y el espíritu gramsciano del populismo que se ha esparcido por América Latina, llegando hasta España. Comencemos con Dieterich. En su libro que lleva el título *El socialismo del siglo xxi*, Dieterich, quien asesoró directamente a Chávez, sostuvo que las peores miserias de la humanidad como la guerra, la pobreza y la dominación son culpa de la institucionalidad capitalista. Esta debía ser superada para crear el famoso "socialismo del siglo xxi" caracterizado por "la democracia participativa, la economía democráticamente planificada de equivalencias, el Estado no-clasista y, como consecuencia, el ciudadano racional-ético-estético"[37]. Dieterich llamó al suyo *Nuevo Proyecto Histórico*, que según él reconocía su inspiración en el legado de Marx y Engels. Dice el autor: "el Nuevo Proyecto Histórico (NPH) es un proyecto de los ciudadanos del mundo para sustituir la sociedad capitalista por la democracia participativa"[38]. El autor continuaba repitiendo la misma mitología sesentera tan conocida en América Latina: "La destrucción económica y social de medio siglo de recolonización neoliberal en América Latina ha convertido sus economías en sistemas inviables para la tarea que deberían cumplir: satisfacer las necesidades básicas de la población"[39]. Dieterich repite

---

37   Heinz Dieterich, *El socialismo del siglo xxi*, p. 3. Disponible en: http://www.rebelion.org/docs/121968.pdf Última visita: 25-10-2015.

38   Ibid., p. 74.

39   Idem.

así, otra vez, la vieja historia de que somos víctimas de otros. Luego de analizar tres opciones para que la región supere la miseria supuestamente impuesta por el "neoliberalismo", concluye que la única viable es el socialismo bolivariano por su enfoque de promover un desarrollo industrial basado en el proteccionismo:

> La cuarta opción consiste en el proyecto bolivariano cuya esencia radica en un bloque regional de poder (Patria Grande)… De todas estas opciones, la única viable es la cuarta. Porque hoy, como en el siglo xix, la superación del subdesarrollo en condiciones de una economía global neocolonial, sólo es posible con la estrategia de desarrollo proteccionista[40].

El socialismo del siglo xxi, como se ve, no es más que la misma mitología antimperialista, antiliberal, proteccionista y marxista que llevó a América Latina a la miseria y al conflicto durante buena parte del siglo xx.

El que no haya nada nuevo en el socialismo del siglo xxi se confirma cuando se estudia a otra de las asesoras intelectuales del régimen venezolano que trabajó directamente con Chávez: Marta Harnecker. Según Harnecker, el colapso de la Unión Soviética había dejado estupefacta a la izquierda mundial que condenaba su falta de democracia, su totalitarismo y burocracia estatal[41]. Esto es difícil de creer cuando la misma Harnecker y su grupo siguen apoyando abiertamente el régimen totalitario en Cuba, y cuando promovieron la llegada de la dictadura venezolana. Pero vamos al fondo del asunto. Harnecker afirmó —y esto es relevante— que la izquierda marxista había encontrado su esperanza en América Latina:

> Pero, en el mismo momento en que desaparecía el socialismo soviético, en América latina empezaban a darse prácticas democráticas y participativas en gobiernos locales que prefiguraban el tipo de sociedad alternativa al capitalismo que queríamos construir. Y no solo prefiguraba la nueva sociedad, sino que al demostrar en la práctica que podían gobernar de forma transparente, no corrupta, democrática y participati-

40   Ibid., p. 66.
41   Marta Harnecker, Cinco reflexiones sobre el socialismo del siglo xxi, 2012, p. 3. Disponible en: http://www.rebelion.org/docs/147047.pdf Última visita: 25-10-2015.

va, prepararon las condiciones políticas para que en varios de nuestros países la izquierda accediese al gobierno por vía electoral... Fue el presidente Chávez quien tuvo el coraje de llamar socialista a esa sociedad alternativa al capitalismo. La llamó "socialismo del siglo XXI", reivindicando con la palabra "socialismo" los valores siempre vigentes del "amor, la solidaridad, la igualdad entre los hombres las mujeres, entre todos", y agregándole el adjetivo "siglo XXI" para diferenciar al nuevo socialismo de los errores y desviaciones del modelo de socialismo implementado durante el siglo XX en la Unión Soviética y los países del este europeo[42].

América Latina fue así, según Harnecker, la esperanza del socialismo una vez que había colapsado el comunismo con la caída del Muro de Berlín. Según ella, los regímenes de Chávez, Morales, Correa y sus pares, serían un ejemplo de algo distinto al totalitarismo soviético, porque estarían libres de corrupción, llenos de "amor, solidaridad e igualdad" y además serían profundamente "democráticos". Aquí nuevamente vemos la idea de democracia totalitaria comentada en la primera parte de este libro, según la cual todo lo que se realiza por la vía electoral, aunque implique aniquilar las libertades de las personas, se encuentra justificado. Esta estrategia, sin embargo, tampoco es tan nueva en la región.

Harnecker recuerda correctamente que Salvador Allende fue el precursor del socialismo del siglo XXI, pues fue el primero en intentar llegar al socialismo marxista por la vía democrática[43]. Venezuela, según Harnecker, habría logrado lo que el golpe militar de Pinochet impidió que se lograra en Chile, esto es, la revolución socialista "pacífica". Ahora bien, en el caso venezolano, la "vía pacífica" al socialismo no solo destruyó por completo la economía en su afán por refundar el orden económico y social, lo que también ocurrió con Allende en Chile, sino que instaló el odio y el terror como instrumentos para conservar el poder, aniquilando la libertad y la misma democracia. En todo ello el rol de los intelectuales, de la manipulación del lenguaje y el desarrollo de aparatos de propaganda, fue fundamental.

---

42 Idem.
43 Idem.

Un reciente y extraordinario estudio realizado por los venezolanos Antonio Canova, Carlos Leáñez, Giuseppe Graterol, Luis Herrera y Marjuli Matheus Hidalgo, titulado precisamente *La neolengua del poder en Venezuela*, presenta un escenario tan crudo como clarificador del punto que estamos tratando[44]. En la obra, los autores explican que el régimen chavista ha utilizado de forma planificada la construcción de todo un lenguaje destinado a fomentar el odio, justificar la concentración del poder total, convencer a la población de mentiras flagrantes, engañarla y confundirla. Dice Rosa Rodríguez en la presentación del libro que lo que Karl Kraus afirmó sobre el nazismo se aplica plenamente a Venezuela en el sentido de que es en las palabras, más que en los actos, donde se encuentra el espectro de la época. Y continúa describiendo la estrategia neolingüística del régimen chavista:

> ¿En qué consiste esta estrategia? En llenar la lengua usada mediante propaganda oficial, cadenas de radio y televisión, textos escolares, prensa estatal, programas y voceros de medios estatales de comunicación y repetición coral que sirven al poder, de palabras desvirtuadas en su sentido común, de palabras inventadas por el poder, de eufemismos, de narraciones infantiles y falsas, y sobre todo, de insultos, groserías y falacias *ad hominem*, de modo que el mundo interior de las personas se reduzca cada día más a una sola lectura posible de lo que le sucede y le rodea[45].

Según Antonio Canova, toda esta manipulación del lenguaje pretende "dividir a la sociedad venezolana", hacerla sumisa y polarizarla de modo de lograr, dice Luis Herrera, la consolidación del proyecto totalitario. Marta Harnecker no deja lugar a dudas de que el socialismo del siglo XXI solo puede triunfar a la larga si consigue construir hegemonía intelectual: "Mi punto de partida —dice Harnecker— es que las ideas y valores que prevalecen en una determinada sociedad racionalizan y justifican el orden existente"[46]. Luego agrega,

---

44 Antonio Canova, Carlos Leáñez, Guiseppe Graterol, Luis Herrera y Marjuli Matheus Hidalgo, *La neolengua del poder en Venezuela*, Editorial Galipán, 2015.

45 Ibid., p. 14.

46 Marta Harnecker, *A la conquista de una nueva hegemonía*, 2012, p. 20.

siguiendo a Gramsci y coincidiendo con Iglesias, que "una clase llega a ser hegemónica cuando logra que sus valores, que sus propuestas, que su proyecto de sociedad sean aceptados, mirados con simpatía y asumidos como propios por amplios sectores sociales. Hegemonía es lo contrario a la imposición por la fuerza"[47].

La izquierda según Harnecker, para construir su alternativa al capitalismo debe tener claro que tiene que ganarse "la cabeza y el corazón de la inmensa mayoría de la gente". Y continúa: "No podemos imponerle nuestro proyecto, debemos convencerla de que es el mejor proyecto para ella y hacerla partícipe de la construcción de la nueva sociedad"[48]. Esto es lo que Harnecker vio en el proyecto revolucionario de Chávez y el socialismo del siglo XXI, que sin duda contó originalmente con el apoyo de buena parte de la población venezolana dado su carácter "democrático" y que hoy colapsa sobre todo por su fracaso económico.

Menos preocupado por la apariencia democrática pero igualmente influyente en la idea del socialismo del siglo XXI, fue el argentino Norberto Ceresole. Ceresole confirma como pocos la identidad ideológica entre fascismo y socialismo, pues no solo fue un férreo defensor de Perón en Argentina, sino que colaboró con Velasco Alvarado en Perú, apoyó a Salvador Allende en Chile y luego a Hugo Chávez en Venezuela. Fue Ceresole, fascista conocido por su negación del Holocausto, el encargado, en los inicios, de conceptualizar y consolidar el poder de Chávez y la relación caudillo, fuerzas armadas y pueblo. Chávez conoció al argentino en un viaje que hizo a Buenos Aires luego de su liberación en 1994, tras pasar un tiempo en prisión luego de su fallido golpe de Estado de 1992. Según el periodista Alberto Garrido, un experto en la relación entre el chavismo y las ideas de Ceresole, "cuando aparece Ceresole en escena, Chávez encuentra una persona con una cabeza organizada y con una posición que se puede o no compartir, pero la posición está ahí: tómela o déjela. Y Chávez la toma y la fusiona con lo que se ha denominado proyecto

---

47   Idem.
48   Ibid., p. 24.

originario"[49]. Lo que buscaba el argentino era la superación de la democracia y su reemplazo por una dictadura militar caudillista y unipersonal. Para el teórico fascista, "las democracias han terminado de esquilmar a nuestros pueblos... Tan es así que la gente no cree en la democracia. Eso se ha visto en las últimas estadísticas. No sólo no cree en la democracia, sino que la democracia es de alguna manera el enemigo"[50]. Donde mejor se expresó la influencia de este importante sociólogo fue en el proyecto de la Constitución de 1999 creada por Chávez[51]. En ella, Chávez intentó algo parecido a lo que Hitler lograría en Alemania: la identificación del pueblo con el caudillo y de este con las fuerzas armadas.

Para lograr esto, Chávez pretendió desarrollar una nueva idea de seguridad nacional directamente derivada del pensamiento de Ceresole. Según ella, las fuerzas armadas ya no eran solo garantes del orden sino que debían participar activamente en la promoción del bienestar, la solidaridad y satisfacción de necesidades colectivas de los venezolanos. A ello se agrega un nuevo concepto: el de la alianza cívico-militar que resultó instrumental para consolidar el poder de Chávez sobre las fuerzas armadas con el fin de hacer irreversible la revolución.

Tan directa es la relación cívico-militar que muchas de las famosas "misiones" ideadas por Chávez para crear redes asistencialistas entre la población venezolana eran ejecutadas por las fuerzas armadas venezolanas. En esta misma lógica, una serie de cargos públicos pasaron a ser ocupados por militares, tanto en servicio activo como retirados, confirmando la fusión entre ejecutivo y fuerzas armadas. La idea final del programa de Ceresole que era la superación de la democracia para concentrar el poder en las manos de un caudillo militar finalmente se cumplió en el caso venezolano.

---

49 Alberto Garrido, *Mi amigo Chávez. Conversaciones con Norberto Ceresole*, Ediciones del Autor, Caracas, Venezuela. 2001, p. 61.

50 Ibid, p. 35.

51 Guillermo Boscán Carrasquero, Ceresole y la revolución de Hugo Chávez: la relación caudillo, ejército y pueblo, Departamento de Ciencias Sociales Universidad Arturo Prat. Iquique. *Revista Ciencias Sociales* No. 25, Segundo Semestre, 2010 p. 67.

Pasemos ahora a analizar el rol jugado por Juan Carlos Monedero en la revolución chavista. Esto es importante porque, como sabemos, Monedero, que trabajó de asesor para Chávez, es uno de los principales ideólogos de Podemos en España. En 2007 decía que Chávez "daba esperanza a los pobres" con su sistema del socialismo del siglo xxi[52]. Por cierto, hoy, con el país sumido en el caos y la miseria generalizada, no reconoce que la culpa fue del programa populista y socialista que él mismo contribuyó a desarrollar. Pero veamos cuáles eran las ideas de Monedero para entender por qué en parte tenía que fracasar el proyecto chavista.

La principal obra del español que corresponde analizar para entender el espíritu económico totalitario del populismo de Chávez, de Podemos y de sus asociados es un libro titulado *Empresas de producción social: instrumento para el socialismo del siglo xxi*. Después de la típica diatriba en contra del capitalismo y el "neoliberalismo", que son responsabilizados por todos los males imaginables, Monedero explica que "el socialismo tiene que ser pensado inicialmente —aunque no solo— desde las relaciones de trabajo, pues son éstas las que crean valor"[53]. En consecuencia, el capitalismo en que las personas trabajan para obtener un sueldo con el cual comprar mercancías debe ser superado por un sistema en que primen las "necesidades sociales" de acuerdo a cómo estas sean definidas en un diálogo libre y abierto de la comunidad[54]. Aquí la esencia colectivista del proyecto resulta evidente, pues se anula el individuo y sus necesidades y preferencias en función de las supuestas "necesidades sociales" que debe interpretar la autoridad.

Es interesante ver la coincidencia de este programa con lo que planteara Hitler cuando dijo que "las necesidades de la sociedad están antes que las necesidades del individuo". Monedero nos dice que la superación del capitalismo, objetivo que comparte con Hitler, Stalin,

---

52   Ver: http://www.lasexta.com/programas/mas-vale-tarde/noticias/asi-defendia-monedero-chavez-2007-venezuela-esperanza-pobres_2015021600425. html Última visita: 25-10-2015.

53   Juan Carlos Monedero, *Empresas de producción social: instrumento para el socialismo del siglo XXI,* Centro Internacional Miranda, Caracas, 2006, p. 19.

54   Ibid., p. 20.

Lenin, Castro y otros, pasa por crear las "Empresas de Producción Social", que serían "una apuesta que nace en la Venezuela bolivariana y revolucionaria para impulsar el rumbo al socialismo del siglo XXI"[55]. En realidad, estas empresas que supuestamente crearán riqueza para la sociedad y no para el individuo no son otra cosa que las clásicas y fracasadas empresas estatales controladas por el régimen autoritario o totalitario de turno, tal como fue en la Alemania nazi o en la Unión Soviética y como es efectivamente el caso hoy en Venezuela.

Pero el proyecto va más allá que algo puramente económico. Siguiendo el clásico espíritu constructivista totalitario que inspiró a los jacobinos durante la Revolución francesa, de la cual se declara heredero[56], el español dice que "se debe reinventar la cultura, los sistemas normativos, la política y la economía"[57]. Ya hemos analizado el caso de la Revolución francesa como experimento totalitario y visto que Pablo Iglesias se declara un seguidor de esa tradición mientras rechaza la revolución americana inspirada en el liberalismo anglosajón. Monedero confirma la inspiración totalitaria declarándose heredero de la tradición del terror de Robespierre. Según Monedero, "gracias a la Revolución Francesa el impulso socialista llegaría a todos los continentes e iniciaría un viaje de ida y vuelta profundamente enriquecedor"[58]. Más aún, "el triunfo de la Revolución Soviética en 1917 entregó al mundo un faro de referencia para el socialismo, con sus ventajas y sus inconvenientes"[59]. La revolución soviética, que llevó al asesinato de decenas de millones de personas fue, según Monedero, un experimento liberador. Sobre la estrategia aplicable, Monedero hace eco de Harnecker e Iglesias y sostiene que "la noción del intelectual orgánico en Gramsci" posee una enorme significación para "las trincheras socialistas, al asociarse teoría y práctica"[60].

La labor gramsciana a la que se refiere Monedero sería desarrollada con un fanatismo casi sin igual por Ignacio Ramonet, director

---

55 Ibid., p. 27.
56 Ibid., p. 45.
57 Ibid., p. 27.
58 Ibid., p. 47.
59 Idem.
60 Ibid., p. 28.

de *Le Monde Diplomatique.* Incluso con la catástrofe humanitaria ocasionada por el socialismo del siglo XXI en su punto más álgido, Ramonet justificó el régimen venezolano acusando a la prensa española de mentir sobre lo que ocurría en el país. Esta fue la delirante explicación que dio el propagandista sobre lo que ocurría en Venezuela, donde, literalmente la gente comenzaba a morirse de hambre:

> Mientras el presidente Maduro realizaba una gira por los países OPEP, la oposición lanzaba una operación de vaciamiento de los supermercados y creaba, con un gran apoyo financiero, la penuria de un desabastecimiento extremadamente importante. Se financió a miles de personas para que vaciasen cada día las estanterías de los supermercados, para que esta escasez diese la impresión de que uno de los países más ricos de América Latina, no tenía, curiosamente, ni siquiera papel higiénico. Era una maniobra para humillar al país. Esa fue la primera fase, tratar de crear un malestar en la población, sobre todo en el electorado chavista. La segunda fase consistía en una campaña mediática internacional que insistiese en la idea de que en Venezuela, un país tan rico, no hay nada, no se encuentra nada, que la vida cotidiana se ha vuelto un infierno. Eso es exactamente lo que le hicieron a Allende[61].

No muy lejos del fanatismo totalitario de Ramonet se encuentra otro de los exasesores directos de Chávez, el británico Alan Woods. Woods es un teórico político marxista de cierta notoriedad que ha hecho un trabajo sistemático de difusión y justificación de la revolución bolivariana fuera de América Latina para esparcirla por el mundo. Como los anteriores intelectuales marxistas, el fanatismo del británico lo lleva a un desprecio dogmático de la realidad. Según él, si Fidel Castro no había logrado elevar el nivel de vida de las masas del pueblo cubano era por culpa del "imperialismo y los grandes monopolios estadounidenses que controlaban la economía cubana"[62].

---

61   Ver: http://www.attac.es/2015/03/20/ignacio-ramonet-la-gran-prensa-espanola-miente-sobre-todo-lo-que-ocurre-en-venezuela/ Última visita: 25-10-2015.

62   Alan Woods, La revolución bolivariana: un análisis marxista, Centro de Estudios Socialistas, p. 22. Disponible en: http://centromarx.org/images/stories/PDF/aw_venezuela_centro_marx.pdf Última visita: 25-10-2015.

Woods se quejaba de que Chávez no era lo suficientemente marxista, aconsejándole en 2002 armar a la clase obrera y realizar "la expropiación inmediata de la propiedad de los imperialistas y la burguesía venezolana"[63]. En el año 2004 afirmaba que Chávez debía liquidar el orden de propiedad burguesa poniendo fin al capitalismo si no quería arriesgar el fracaso de la revolución. Esta era la receta que el intelectual recomendaba para la revolución: nacionalizar el sistema bancario y el sector financiero, estatizar empresas como PDVSA y todas las grandes empresas, fijar los precios y controlar la distribución de la comida y otros productos, nacionalizar la tierra, el transporte y consolidar un monopolio estatal sobre el comercio, entre otras medidas[64]. Como sabemos, buena parte de esa receta económica totalitaria fue aplicada por Chávez con desastrosos efectos. La explicación de Wood para este completo fracaso iría en la misma línea que la de Ramonet. En el año 2014, escribió:

> Una cosa le queda clara a todos: dieciséis años después de su inicio, la Revolución Bolivariana está en peligro. Las fuerzas contrarrevolucionarias están en las calles, causando disturbios y sembrando el caos, tal y como ya hicieron en 2002. Detrás de las hordas de pequeños burgueses enfurecidos, los "sifrinos" (jóvenes de clase media y alta) y la chusma lumpenproletaria, la oligarquía está tirando de los hilos. Y detrás de la oligarquía se encuentra Washington. A través de la acción directa de los matones armados y las bandas fascistas en las calles, la burguesía está intentando derrocar al gobierno elegido democráticamente. Esa es una de las puntas de la ofensiva capitalista. La burguesía está tratando de derrocar al gobierno electo. Por otro lado, intenta paralizar la vida económica del país mediante el sabotaje, socavando la economía por medio de una huelga de capital. Llevan a cabo un saqueo a través de la especulación y la usura, provocando la escasez por medio del acaparamiento[65].

El esfuerzo de Ramonet y Woods por justificar el desastre económico y social venezolano ciertamente no es nuevo. Con Salvador

---

63   Ibíd., p. 24.

64   Ibid., pp. 130-131.

65   Alan Woods, "Hay que cumplir con el legado de Hugo Chávez", 6 de marzo de 2014. Disponible en: http://luchadeclases.org/internacional/america-latina/venezuela/1692-cumplir-el-legado-de-chavez.html Última visita: 25-10-2015.

Allende, quien tenía más de 3.000 precios fijados, había estatizado buena parte de la capacidad productiva agrícola e industrial chilena, había nacionalizado la minería, acumulaba una inflación de 1.000% anualizada en 1973 y tenía a Chile en la quiebra producto del gasto explosivo del gobierno, se inventó la misma historia. Los intelectuales de izquierda salieron a decir que los alimentos habían sido ocultados por la oposición para desestabilizar al régimen y que todos los problemas económicos nada tenían que ver con el modelo socialista de Allende, sino con una conspiración de la CIA y la oposición chilena que querían un golpe de Estado[66]. Es curioso que a los intelectuales socialistas no se les ocurra pensar que esas mismas políticas que arruinaron al Chile de Allende son las que arruinaron a Venezuela y fueron también las que arruinaron a Rusia, Europa del Este, China, Cuba, Vietnam, Alemania Oriental y todo país donde se aplicaron.

Jamás ha existido un solo país en que el socialismo no haya conducido a la dictadura y la miseria. Y, sin embargo, los intelectuales socialistas insisten en que solo si los dejaran intentarlo una vez más, ahora sí que funcionaría su utopía. Su fracaso nunca es el de sus ideas, siempre es culpa de las fuerzas de la oposición, aun en regímenes en que esta se encuentra totalmente aplastada por los mismos dictadores socialistas que ellos respaldaron. El socialismo jamás se reconoce el responsable de la miseria y los crímenes cometidos en su nombre. Si tan solo se hiciera bien, por la gente indicada, este sería un éxito, piensa el ideólogo. Sin duda, Revel tenía razón cuando dijo que el socialismo era "una funesta invención del lado oscuro de nuestra inteligencia"[67], recordando que este había sido una ideología criminal por su naturaleza y que por tanto cada vez que se intentara, donde quiera que se intentara y por quien quiera que se intentara, sus resultados serían los mismos: baños de sangre y miseria generalizada.

Vamos finalmente al intelectual más reconocido entre los que apoyaron a Chávez, el pensador marxista de origen Húngaro y profesor de la Universidad de Sussex, István Mészáros. El año 2008,

---

66 Sin duda hubo sabotajes organizados en contra del gobierno de Allende, pero sus políticas socialistas radicales fueron la causa principal del colapso de la economía chilena como reconoce una amplia literatura sobre la materia.

67 Jean-François Revel, *La gran mascarada*, Taurus, Madrid, 2000, p. 61.

Hugo Chávez personalmente le entregó el premio "Libertador al pensamiento crítico" por su libro *El desafío y la carga del tiempo histórico. El socialismo en el siglo xx*, que el autor dedicó a la memoria, entre otros, de Antonio Gramsci y el Che Guevara. Mészáros describió el premio como "el mayor honor de su vida" mientras Chávez lo alabó como "uno de los pensadores más brillantes del siglo xx y lo que va del siglo xxi", afirmando que sus ideas ya eran aplicadas en Venezuela[68]. Ciertamente, no podemos saber si Chávez leyó profundamente las obras de Mészáros, pero es claro que en cuanto pensador marxista celebrado por el régimen y constantemente citado por Chávez tuvo influencia al menos en su rechazo del capitalismo y la reivindicación del socialismo del siglo xxi. Tanto así que en la página oficial de Hugo Chávez se encuentran algunos de sus libros traducidos al español y disponibles para descarga gratuita. El libro premiado por Chávez en particular parte con varias páginas de elogios al Che Guevara, quien habría, según el húngaro, sacrificado "heroicamente" su vida en la "lucha contra el imperialismo"[69]. Para Mészáros, "la influencia del Che Guevara está viva hoy día no solamente en Cuba, sino por todas partes en América Latina"[70].

En cuanto al ideal económico y social de fondo planteado por Mészáros, este no tiene nada original, limitándose a la superación del capital como sistema de organización económica para lograr una "igualdad sustantiva". El problema —dice el intelectual húngaro— va más allá del capitalismo. Es el capital lo que debe ser superado y para ello es necesario eliminar tanto la división del trabajo que este genera, como el Estado que lo protege. Ese fue —dice— el error de la Unión Soviética, que no logró superar el capital al pasarlo a manos del Estado, perpetuando así las jerarquías opresoras del capitalismo. "Dada la inseparabilidad de las tres dimensiones del sistema del capital del todo articulado —el capital, el trabajo y el estado—, resulta

---

68 Ver: http://www.noticias24.com/actualidad/noticia/86279/hugo-chavez-comienza-una-transmision-especial-para-premiar-a-istvan-meszaros/ Última visita: 25-10-2015.
69 István Mészáros, *El desafío y la carga del tiempo histórico: el socialismo del siglo xxi*, Fundación Editorial el Perro y la Rana, Tomo I, Caracas, 2009, p. 16.
70 Ibid., p. 31.

inconcebible emancipar el trabajo sin también simultáneamente su-
primir al capital y al Estado por igual", dice Mészáros[71]. Según el autor, el éxito del nuevo socialismo "dependerá de la constitución de una
cultura de la igualdad sustantiva, con la participación activa de todos,
y del estar conscientes de nuestra propia cuota de responsabilidad
implícita en el funcionamiento de ese modo —no adversarial— de
tomar decisiones"[72]. En otras palabras, se trata de superar el capital y
la desigualdad sobre la base de un ser humano y cultura que no existen para organizar las fuerzas productivas de manera comunitaria, lo
cual es económicamente inviable. Según Mészáros, ejemplos donde
su teoría se estaba poniendo en práctica eran los *sin tierra* en Brasil
y el chavismo en Venezuela. Esta última era digna de elogio por la
"abrumadora victoria electoral del presidente Chávez y por el éxito
más abrumador aún del Referéndum Constitucional al año siguiente"[73]. Para Mészáros, en ambos casos "el pueblo" trataba de "emprender la inmensamente difícil tarea de unificar la esfera reproductiva
material y la esfera política"[74]. En el caso venezolano, el "pueblo"
habría estado "utilizando la palanca política de la Presidencia y la
Asamblea Constituyente", para "introducir cambios muy necesitados
en el terreno de la reproducción material, como parte necesaria de la
alternativa concebida"[75]. En 2012, más de una década después de que
Mészáros escribiera esas palabras, y cuando el desastre económico y
social ya era evidente en Venezuela, el mismísimo Chávez confirma-
ría la influencia del pensador húngaro:

> Aquí tengo el libro de István Mészáros, el capítulo XIX, que se llama
> "El sistema comunal y la ley del valor". Hay una frase que hace tiempo
> subrayé, la voy a leer, señores ministros, ministras, vicepresidente, ha-
> blando de la economía, del desarrollo económico, hablando del impulso
> social de la revolución: "El patrón de medición —dice Mészáros— de
> los logros socialistas es: hasta qué grado las medidas y políticas adop-

71 István Mészáros, *Más allá del capital*, Pasado y Presente XXI, La Paz,
2010, p. 694.
72 Mészáros, *El desafío y la carga del tiempo histórico: el socialismo del
siglo XXI*, p. 292.
73 Mészáros, *Mas allá del capital*, p. XII.
74 Idem.
75 Idem.

tadas contribuyen activamente a la constitución y consolidación bien arraigada de un modo sustancialmente democrático, de control social y autogestión general". Entonces, venimos con el tema de la democracia, el socialismo y su esencia absolutamente democrática, mientras que el capitalismo tiene en su esencia lo anti-democrático, lo excluyente, la imposición del capital y de las élites capitalistas. El socialismo no, el socialismo libera; el socialismo es democracia y la democracia es socialismo en lo político, en lo social, en lo económico[76].

Es interesante notar que después de haber promovido el socialismo y la destrucción del orden democrático y económico que había en Venezuela conduciendo al país al caos y la dictadura, gran parte de los intelectuales que hemos mencionado se han alejado del régimen por considerar que este se desvió del camino original. Este argumento también se dio respecto a los regímenes socialistas luego de la caída del Muro de Berlín. Muchos en la izquierda decían que en realidad el socialismo no se había intentado y que la Unión Soviética y las dictaduras criminales que en todo el mundo surgieron del socialismo no eran lo que Marx, Engels y Lenin habían planeado. Estos argumentos no resisten mayor análisis. Igualmente absurdo es decir que si Chávez y el liderazgo venezolano no se hubieran desviado del camino trazado por los teóricos del socialismo del siglo XXI, este habría funcionado.

El socialismo es una doctrina cuya interpretación de la realidad económica está equivocada y por tanto jamás podrá producir otros resultados que opresión cultural y miseria. Del mismo modo, su visión del hombre es falsa, lo que invariablemente llevará a que su proyecto de construir una sociedad ideal termine en baños de sangre y dictaduras atroces. Los intelectuales que apoyaron a Chávez y los demás movimientos socialistas y populistas en América Latina son, por lo tanto, responsables del desastre humanitario, democrático y económico en que se encuentran estos países. A ellos se aplica sin duda el dramático reconocimiento del filósofo de las ciencias más importante del siglo XX, Karl Popper, cuando dijo: "Nosotros los

---

76 Hugo Chávez, Golpe de timón, 20 de octubre de 2012, disponible en: http://www.vicepresidencia.gob.ve/images/documentos/Tripa-GOLPE-DE-TIMON-web.pdf Última visita: 25-10-2015.

intelectuales hemos hecho el más terrible daño durante miles de años. Los asesinatos en masa a nombre de una idea, de una doctrina, una teoría o una religión fueron obra nuestra, invención nuestra, de los intelectuales"[77].

Chile y Argentina: lecciones en la lucha por la hegemonía cultural

La lucha por la hegemonía cultural, como hemos dicho, es de máxima importancia para entender por qué América Latina —y en parte Europa— se encuentra en la lamentable situación actual. No podemos, sin extendernos en demasía, realizar un análisis de cómo se ha producido esta batalla en cada país latinoamericano, y además no resulta necesario para probar el punto. Por lo mismo vamos a referirnos a dos casos emblemáticos que vale la pena analizar por su relevancia histórica y simbólica: Chile y Argentina.

Estos países vecinos lograron convertirse, en épocas distintas y como ningún otro en la región, en modelos para el mundo. Ambos ofrecen lecciones para toda América Latina e incluso más allá de sus fronteras. Chile porque pasó de estar arruinado en los años setenta y de ser un país mediocre las décadas anteriores, a convertirse en un país *ad portas* del desarrollo y en referente mundial de políticas públicas y económicas. Esto para, al poco andar, volver a caer en recetas populistas con el segundo gobierno de Bachelet. En el caso argentino se dio la misma lógica, pero en otra época: de ser un país pobre se convirtió en uno de los más ricos del mundo, para luego volver al subdesarrollo. Estos son, sin duda, dos de los ejemplos más claros del impacto creador y devastador de las ideas en el desempeño de los países. Comencemos con Argentina.

Un excelente artículo del *The Economist* titulado "La tragedia de Argentina: un siglo de decadencia" presenta un panorama tan interesante como deprimente sobre la historia del país transandino[78].

---

77   Karl Popper, *En busca de un mundo mejor*, Paidós, Barcelona, 1994, p. 242.
78   The Economist, *The tragedy of Argentina: A century of decline*, disponible   en: http://www.economist.com/news/briefing/21596582-one-hundred-

El semanario inglés parte recordando que por casi cincuenta años antes de la Primera Guerra Mundial, Argentina creció a tasas promedio del 6% anual, la más alta jamás registrada en la historia del mundo. El famoso Teatro Colón, entre muchas otras obras que aún permanecen, fue construido en 1908, dando testimonio de la época dorada del país. Millones de europeos abandonaban sus países para llegar a la tierra prometida de Argentina, a tal punto que en 1914 la mitad de los habitantes de Buenos Aires era nacida en el extranjero.

En los *rankings* de riqueza, Argentina estaba entre los diez más ricos del mundo superando a Francia, Alemania e Italia, mientras su ingreso per cápita era de un 92% del promedio de los 16 países más ricos del mundo. Brasil, por hacer una comparación, tenía una población con un ingreso per cápita de un cuarto del argentino. Y esto no era solo con base en exportaciones de bienes primarios. Entre 1900 y 1914 la producción industrial de Argentina se triplicó alcanzando un nivel de crecimiento industrial similar al de Alemania y Japón. En el periodo 1895-1914, por su parte, se duplicó el número de empresas industriales, se multiplicó en tres veces el trabajo en ese sector y se quintuplicó la inversión en el mismo[79]. Todo esto fue acompañado de un progreso social sin precedentes en el país: si en 1869 entre un 12 y 15% de la población económicamente activa pertenecía a los sectores medios, en 1914 la cantidad alcanzaba el 40%. En el mismo periodo el nivel de analfabetismo se redujo a menos de la mitad[80].

Sin embargo, cien años después, en 2015 el presidente Mauricio Macri ha llegado al gobierno de una Argentina convertida en desastre económico, con una de las inflaciones más altas del mundo occidental, niveles de corrupción récord, un ingreso que apenas llega al 43% del promedio de los 16 países más ricos, inseguridad galopante, pobreza de un 30% e inestabilidad política. Además de todo, Argentina

---

years-ago-argentina-was-future-what-went-wrong-century-decline Última visita: 25-10-2015.

79   Ezequiel Gallo, "Liberalismo y crecimiento económico y social: Argentina 1880-1910", *Revista de Instituciones, Ideas y Mercados*, No. 49, octubre 2008, p. 237. Disponible en: http://www.eseade.edu.ar/files/riim/RIIM_49/49_9_gallo. pdf Última visita: 25-10-2015.

80   Ibid., p. 238.

ha sido expulsada de los mercados de capitales internacionales. Un dato basta para dimensionar la magnitud de la decadencia argentina: si en 1850 el país tenía un nivel de riqueza equivalente al 30% de Australia, que posee condiciones naturales similares, en 1914 el nivel de riqueza ya alcanzaba un 70% al de ese país. En pleno siglo XXI, Argentina nuevamente tiene apenas un tercio del nivel de riqueza de Australia, es decir, retrocedió más de un siglo en términos relativos[81]. No es con ironía que *The Economist* hable de "un siglo de decadencia argentina".

Afortunadamente, hay esperanza con el nuevo gobierno encabezado por Macri, que puso fin a más de una década de degeneración institucional kirchnerista y que debe enfrentar la titánica tarea de reconstruir un país cuyos fundamentos han sido socavados por décadas de peronismo. Pero antes de entrar a la pregunta que se formula el mismo *The Economist* sobre por qué se arruinó Argentina, cabe preguntarse qué ideas e instituciones estuvieron detrás de su éxito anterior. Y estas no fueron otras que el liberalismo clásico —hoy mal llamado "neoliberalismo"— que tanto detestan los populistas.

Luego de la independencia de España en 1810 el país cayó en un caos que terminó con la dictadura de Juan Manuel de Rosas, derrocado en 1852. Tras su salida, una nueva constitución fue creada por una de las figuras más relevantes y olvidadas de la historia política argentina: Juan Bautista Alberdi. El genio argentino era un admirador de los padres fundadores de Estados Unidos, especialmente de Thomas Jefferson, y se basó en la constitución de ese país para elaborar la de Argentina. Como resultado, en términos generales el país tuvo un orden institucional liberal, es decir, con un Estado limitado[82]. La época liberal fue la de mayor prosperidad económica de la historia de ese país y es a la que se refiere *The Economist* cuando recuerda el glorioso pasado argentino.

Para Alberdi, la clave del éxito de una nación estaba en la libertad y el gobierno limitado: "Así como antes colocábamos la independencia, la libertad, el culto, hoy debemos poner la inmigración

---

81   Ibid., p. 235.
82   Ibid., p. 239.

libre, la libertad de comercio, los caminos de fierro, la industria sin trabas, no en lugar de aquellos grandes principios, sino como medios esenciales de conseguir que dejen ellos de ser palabras y se vuelvan realidades"[83]. Pero el liberalismo de Alberdi iba aún más allá. En una conferencia dictada en 1880 bajo el título "La omnipotencia del Estado es la negación de la libertad individual", y cuyo contenido vale la pena analizar con detención dada la asombrosa vigencia que tiene en nuestros días, el genio argentino explicó que la tradición francesa que recogía el viejo ideal grecorromano de la "Patria" como entidad metafísica que reúne a todas las personas en el Estado, había sido fuente de las diversas tiranías de Sudamérica[84].

La idea de Patria como fusión de los intereses y almas de los individuos —explicó Alberdi— suprimía la libertad de las personas porque se entendía que ellos estaban totalmente sometidos a los intereses del colectivo representado en un Estado omnipotente. Rousseau, según Alberdi, era el mejor ejemplo de esta doctrina tiránica al proponer un supuesto contrato social en que todos los miembros de la sociedad eran encarnados por quien detenta el poder. Como hemos visto, esta idea de que el líder encarna al pueblo ha sido siempre la justificación de proyectos populistas y totalitarios en América Latina. Pero más interesante aún es el contraste que hace Alberdi entre la filosofía que inspiró a Estados Unidos y la ideología que seguimos en América Latina. Así, por ejemplo, advirtió que "los pueblos del Norte no han debido su opulencia y grandeza al poder de sus Gobiernos, sino al poder de sus individuos" y que "las sociedades que esperan su felicidad de la mano de sus Gobiernos esperan una cosa que es contraria a la naturaleza"[85].

Según Alberdi, "por la naturaleza de las cosas, cada hombre tiene el encargo providencial de su propio bienestar y progreso" y "los

---

83   Juan Bautista Alberdi, *Bases y puntos de partida para la organización política de la República de Argentina*, p. 67. Disponible en: http://www.hacer.org/pdf/Bases.pdf Última visita: 25-10-2015.

84   Juan Bautista Alberdi, La omnipotencia del Estado es la negación de la libertad individual", disponible en: http://www.elcato.org/publicaciones/ensayos/ens-2003-01-31.pdf Última visita: 25-10-2015.

85   Idem.

Estados son ricos por la labor de sus individuos, y su labor es fecunda porque el hombre es libre, es decir, dueño y señor de su persona, de sus bienes, de su vida, de su hogar"[86]. La diferencia entre los pueblos latinos y anglosajones en todo esto no podía ser mayor a los ojos de Alberdi. Mientras que los anglosajones cuando necesitaban de "alguna obra o mejoramiento de público interés… se buscan, se reúnen, discuten, ponen de acuerdo sus voluntades y obran por sí mismos", en los pueblos latinos Alberdi observa que las personas "alzan los ojos al Gobierno, suplican, lo esperan todo de su intervención y se quedan sin agua, sin luz, sin comercio, sin puentes, sin muelles, si el Gobierno no se los da todo hecho"[87]. Aquí se ve cómo el germen del populismo se encontraba ya presente en la época de Alberdi producto de una filosofía que desconfiaba de la responsabilidad y libertad individuales, endiosando al Estado. Alberdi advirtió, casi proféticamente, cuál sería el destino de Argentina y de América Latina si se dejaba engañar por la religión estatista:

> La omnipotencia de la Patria, convertida fatalmente en omnipotencia del Gobierno en que ella se personaliza, es no solamente la negación de la libertad, sino también la negación del progreso social, porque ella suprime la iniciativa privada en la obra de ese progreso. El Estado absorbe toda la actividad de los individuos, cuando tiene absorbidos todos sus medios y trabajos de mejoramiento. Para llevar a cabo la absorción, el Estado engancha en las filas de sus empleados a los individuos que serían más capaces entregados a sí mismos. En todo interviene el Estado y todo se hace por su iniciativa en la gestión de sus intereses públicos. El Estado se hace fabricante, constructor, empresario, banquero, comerciante, editor y se distrae así de su mandato esencial y único, que es proteger a los individuos de que se compone contra toda agresión interna y externa. En todas las funciones que no son de la esencia del Gobierno, obra como un ignorante y como un concurrente dañino de los particulares, empeorando el servicio del país, lejos de servirlo mejor[88].

Eso fue exactamente lo que le ocurrió a Argentina: abandonó las instituciones liberales que lo habían caracterizado en su época de

---

86   Idem.
87   Idem.
88   Idem.

gloria para abrazar instituciones populistas, socialistas y estatistas que terminaron por arruinarlo, no solo económicamente sino también moralmente. En Especial luego de la Gran Depresión de los años treinta y siguiendo una tendencia mundial, Argentina cerró su economía e incrementó dramáticamente el intervencionismo estatal en ella. Esto fue precedido por un cambio en las ideas dominantes. Como ha explicado Aldo Ferrer en su clásico libro sobre historia económica argentina, la crisis de los años treinta provocó un cambio de las ideas económicas dominantes desde el paradigma liberal hacia un sistema estatista inspirado en las recetas del economista John Maynard Keynes[89].

La elección del general Juan Domingo Perón, un fascista, terminaría por sepultar definitivamente una proyección que pudo haber sido gloriosa. Con Perón el comercio fue restringido aún más, el gasto público se incrementó dramáticamente llevando a un aumento explosivo de la deuda, el Estado comenzó a repartir privilegios y beneficios de todo tipo a grupos de interés y a intensificar políticas de industrialización interna. Varias nacionalizaciones se llevaron a cabo, siendo la más famosa la de los ferrocarriles, que terminó en un completo desastre. El crecimiento económico se redujo y la inflación se disparó pasando de un 3,6% en 1947 a un 15,3% en 1948 y un 23,2% en 1949, deteriorando así severamente el poder adquisitivo de las clases trabajadoras[90]. Las exportaciones como porcentaje del producto interior bruto (PIB) siguieron cayendo debido al ataque del gobierno a los productores nacionales. En suma, Perón introdujo un cáncer populista del que Argentina jamás se recuperaría. El famoso y aclamado libro *The Commanding Heights*, que da cuenta de casi un siglo de luchas por la economía mundial, resumiría de este modo la destrucción que Perón haría de la institucionalidad Argentina:

> Aprovechando la popularidad preguerra de las ideas fascistas, Perón convirtió a la Argentina en un país corporativista, con poderosos inte-

---

89   Aldo Ferrer, *La economía Argentina: desde sus orígenes hasta principios del siglo XXI*, Fondo de Cultura Económica, 3ª edición, Buenos Aires, 2015, p. 219.

90   Gareth Pahowka, "A Railroad Debacle and Failed Economic Policies: Peron's Argentina", *The Gettysburg Historical Journal*, Vol. 4, 2005, p. 97.

reses organizados —grandes empresas, sindicatos, militares, agricultores— que negociaron con el Estado y con los demás para obtener una
posición y recursos. Él incitó pasiones nacionalistas, avivó pretensiones
de grandeza y persiguió estridentemente políticas antiestadounidenses.
Nacionalizó gran parte de la economía y puso barreras comerciales para
defenderla. Cortó enlaces de la Argentina a la economía del mundo, que
había sido una de sus grandes fuentes de riqueza, incrustó la inflación
en la sociedad y destruyó las bases de un crecimiento económico sóli-
do. También fue muy popular, hasta la muerte de Evita en el año 1952.
A partir de entonces, sin embargo, la economía se hizo tan caótica que
prudentemente se exilió[91].

Nada cambió en Argentina en lo fundamental desde entonces hasta la era Kirchner. Estos fueron en realidad fieles herederos de la
tradición fascista de Perón en un país en que el liberalismo fue marginado como fuerza rectora de la discusión pública. Es crucial notar
que el kirchnerismo, que hizo retroceder fuertemente a la Argentina,
contó con un programa hegemónico apoyado en la clase intelectual
de ese país.

En un interesante estudio publicado bajo el título *Intelectuales,
kirchnerismo y política. Una aproximación a los colectivos de intelectuales en Argentina*, el autor Martín Retamozo explicó que "la
configuración del kirchnerismo" requirió "de cubrir puestos clave ligados a la política y la gestión cultural"[92]. Según Retamozo,
la gestión político-cultural y los nuevos proyectos impulsados por
el gobierno de los Kirchner exigieron "la participación de intelectuales en cargos operativos en la TV pública, el canal Encuentro, la
Biblioteca Nacional, y diferentes institutos ligados a la cultura, las
ciencias y las artes"[93].

---

91   Daniel Yergin and Joseph Stanislaw, *The Commanding Heights*, 2002,
p. 240. Disponible en: http://www-tc.pbs.org/wgbh/commandingheights/shared/
pdf/ess_argentinaparadox.pdf Última visita: 25-10-2015. Cabe aclarar que Perón
partió al exilió luego de ser derrocado por un golpe de estado en 1955 retornando
a Argentina en 1973, siendo electo como presidente y gobernando hasta su muerte
en 1974.
92   Martín Retamozo, *Intelectuales, kirchnerismo y política. Una aproximación a los colectivos de intelectuales en Argentina,* Disponible en: http://nuevo-
mundo.revues.org/64250 Última visita: 25-10-2015.
93   Idem.

Como resultado, dice el autor, "la relación entre intelectuales, Estado y poder político se trastocó considerablemente en gran parte del campo intelectual"[94]. El rol de los intelectuales fue especialmente relevante para el proyecto kirchnerista cuando se desató el conflicto entre el gobierno y el campo, producto de las retenciones arbitrarias impuestas a las exportaciones de soja en 2008, práctica que también había implementado Perón bajo idénticos argumentos a los de Cristina Kirchner. En esa oportunidad se creó todo un aparato de defensa del gobierno por parte de intelectuales con el objeto de dar una verdadera batalla cultural a favor del krichnerismo[95]. Este grupo de intelectuales prokirchneristas se autodenominó Espacio Carta Abierta, en alusión a una carta abierta que en tiempos de la dictadura militar argentina había sido enviada por un periodista a los líderes del régimen denunciando los crímenes que este cometía. Si bien muchos dudan de su efectividad y el impacto del grupo que apoyó al gobierno, es interesante notar que en la primera carta abierta, firmada por 750 intelectuales y lanzada en la librería Gandhi de Buenos Aires en presencia de Néstor Kirchner, los signatarios dejaron claramente establecida la relevancia de la lucha por la hegemonía cultural para consolidar el proyecto populista.

El texto acusa que los medios de comunicación habían creado un clima "destituyente" y golpista. Según el mismo, los medios privatizaban "las conciencias con un sentido común ciego, iletrado, impresionista, inmediatista, parcial" y alimentaban "una opinión pública de perfil antipolítica, desacreditadora de un Estado democráticamente interventor en la lucha de intereses sociales"[96]. Para contrarrestar eso, los autores sugerían seguir la lógica gramsciana:

> En este nuevo escenario político resulta imprescindible tomar conciencia no sólo de la preponderancia que adquiere la dimensión comunicacional y periodística en su acción diaria, sino también de la importancia de librar, en sentido plenamente político en su amplitud,

94   Idem.
95   Hector Pavón, Argentina: el regreso de los intelectuales públicos, *Nueva Sociedad* No. 245, mayo-junio de 2013, pp.150 y ss.
96   Carta Abierta/1, disponible en: http://www.pagina12.com.ar/diario/el-pais/1-104188-2008-05-15.html Última visita: 25-10-2015.

una batalla cultural al respecto. Tomar conciencia de nuestro lugar en esta contienda desde las ciencias, la política, el arte, la información, la literatura, la acción social, los derechos humanos, los problemas de género, oponiendo a los poderes de la dominación la pluralidad de un espacio político intelectual lúcido en sus argumentos democráticos... Es necesario crear nuevos lenguajes, abrir los espacios de actuación y de interpelación indispensables, discutir y participar en la lenta constitución de un nuevo y complejo sujeto político popular, a partir de concretas rupturas con el modelo neoliberal de país[97].

Luego, la carta sostenía que, dado el carácter de la sociedad moderna, con sus medios de comunicación masivos y la creciente autonomía de quienes producen el universo simbólico que redefine los diversos aspectos de la vida social, resultaba necesaria una "decisiva intervención intelectual, comunicacional, informativa y estética en el plano de los imaginarios sociales" a fin de defender proyectos democráticos populares[98]. Sobre este punto Héctor Pavón señala que entre 2008 y 2011 se libró una verdadera batalla cultural que tuvo como plataforma central "cada escenario prestado por la cultura" incluyendo medios de comunicación, estadios de fútbol, el teatro, la música, la televisión y otros en que la mayoría de las posturas era kirchnerista[99]. Todo esto liderado por intelectuales de diversas edades y círculos.

Un libro interesante que devela la estrategia gramsciana de la izquierda en Argentina es titulado nada menos que *Gramsci en Argentina* y fue escrito por Mario Della Rocca, miembro del Foro de São Paulo y parte del colectivo Carta Abierta. El prólogo fue escrito por el conocido escritor, profesor universitario, periodista y activista kirchnerista Eduardo Jozami, quien sostiene que, a diferencia de otros autores marxistas, el pensamiento de Gramsci no ha perdido su influencia en Argentina[100]. Más aun, de acuerdo con Jozami, la estrategia del gobierno kirchnerista fue abiertamente gramsciana y democrática. Según el intelectual, quien escribía en 2013, bajo el

---

97   Idem.
98   Idem.
99   Pavón, p. 448.
100   Mario Della Rocca, *Gramsci an la Argentina*, Editorial Dunken, 2ª edición, Buenos Aires, 2014, p. 11.

kirchnerismo Argentina asistía a "la construcción de una nueva hegemonía", lo que requería de la "movilización social y un profundo debate cultural"[101]. Quienes criticaban al gobierno —agregaba Jozami— defendían la vieja hegemonía "instalada por años de dominación social" y que se había "naturalizado"[102]. Ahora, en cambio, "de la mano con Gramsci, sectores muy importantes de la izquierda argentina" iban "remontando" y "marchando con las grandes mayorías en la tarea de transformar el país"[103].

Según Della Rocca, Néstor Kirchner, aun si no es claro qué tanto conocía las obras de Gramsci, actuó de acuerdo con sus ideas acercándose a un grupo de intelectuales que lo ayudaran a dar la batalla cultural. Un ejemplo de ellos serían las reuniones que mantenía con el filósofo José Pablo Feinmann, quien se convirtió en una especie de asesor de Néstor Kirchner sobre táctica y estrategia para conseguir apoyos a nivel de consciencia ciudadana[104]. Della Rocca continúa afirmando que el gran desafío kirchnerista era "dar la batalla cultural" para dar legitimidad al gobierno, función en la cual los "intelectuales orgánicos" de que hablaba Gramsci resultan esenciales. Según el autor, pese al declive de partidos tradicionales de izquierda, el kirchnerismo ocupaba "el espacio real de izquierda y centro-izquierda en el espacio político argentino" en el contexto de "una cultura y valores de izquierda con influencia en la sociedad y también en el sistema político", cuyo origen estaba en los numerosos grupos muchas veces fragmentados que promovían esas ideologías[105].

No es el punto evaluar cuánta razón o verdad hay en lo que dicen Jozami y Della Rocca sino observar que para la izquierda argentina, la batalla es esencialmente una de tipo gramsciana y lo seguirá siendo aún tras el colapso del proyecto kirchnerista. Como ha explicado el destacado intelectual argentino Agustín Etchebarne, con el socialismo del siglo XXI, la izquierda dura latinoamericana buscó una

---

101   Ibid., p. 12.
102   Idem.
103   Ibid., p. 18.
104   Ibid., p. 141.
105   Ibid., p. 166.

nueva forma de alcanzar el socialismo marxista dejando de lado la lucha armada y basándose en las ideas de Gramsci, de dominar primero la cultura; de Carl Schmidt, de dividir a la sociedad en amigos y enemigos; de Paulo Freire, con su "Pedagogía del oprimido", que toma ideas de Lacan, de Freud y la filosofía del lenguaje de Wittgenstein y la pedagogía de Piaget, para manipular y adoctrinar a generaciones de latinoamericanos; y de Ernesto Laclau, que justifica y describe la manera de pasar por encima de las instituciones republicanas manipulando las demandas sociales[106].

No es entonces, como creen algunos, que el populismo argentino carezca de fundamentos ideológicos y se trate solo de estrategias de poder. Más bien se encuadra en las estrategias de dominación cultural que planteó el socialismo del siglo XXI. Esto es algo de lo cual quienes pretenden derrotar duraderamente al peronismo deben tener plena consciencia, de lo contrario el gobierno de Macri podría terminar siendo nada más que un puente para el regreso de un peronismo incluso más agresivo. Pues lo cierto —y este es el punto de fondo— es que las ideologías impactan decisivamente en las instituciones formales e informales con las que cuenta un país. Perón claramente se encontraba bajo la influencia de las ideas fascistas y no es una exageración decir que los Kirchner también lo estuvieron sin perjuicio de su afán de usar el poder para servirse de él, algo que, por lo demás, han hecho todos los líderes populistas y totalitarios desde Hitler y Lenin hasta Castro. Que Cristina Kirchner, siguiendo una lógica totalmente orwelliana-gramsciana, haya creado el "Instituto Nacional de Revisionismo Histórico Argentino e Iberoamericano Manuel Dorrego", entre muchas otras estrategias para manipular la información y la opinión pública (aunque no tenga mayor credibilidad), algo dice del proyecto cultural de la clase radical peronista argentina.

El instituto mencionado declara en su página web su claro objetivo de falsear la verdad al endosar un cita del historiador revisionista José

---

106 Agustín Etchabarne, "Nuevo fracaso del socialismo en América", en: *Una Mirada Liberal, ¿A dónde nos llevó el populismo?* Relial- Friedrich Nauman Stiftung für die Freiheit, 2015, p. 3. Disponible en: http://relial.org/index.php/biblioteca/item/501-una-mirada-liberal-¿a-dónde-nos-llevó-el-populismo? Última visita: 25-10-2015.

María Rosa, quien afirmó que "existen dos historias, como existen dos Argentinas: de un lado la minoritaria y extranjerizante, del otro lado la popular y nacionalista"[107]. La historia del pueblo es la historia que contaba Cristina Kirchner y todo aquello que la contradecía era conspiratorio y enemigo del pueblo, así como la historia que cuenta *Granma* en Cuba es la historia de Fidel y el Partido Comunista cubano, supuestamente representante del pueblo. Claramente esto responde a una estrategia de poder, pero fundada en ideología.

Las preguntas que corresponde hacer son: ¿por qué se da algo así en Argentina, Cuba y Venezuela y no, al menos en igual grado, en Inglaterra, Australia o Chile? ¿Por qué predominan instituciones relativamente liberales en algunos países y desviaciones populistas y totalitarias en otros? ¿Por qué el populismo radical se arraiga en Argentina y brota tan fácilmente en América Latina y no así en Estados Unidos o Suecia, aunque tampoco estén a salvo?

Ciertamente la respuesta a estas preguntas es variada y compleja. Pero parece claro que el populismo no puede concebirse como una mera estrategia de poder sin sustrato ideológico por la sencilla razón de que las instituciones populistas económicas y políticas no subsistirían la presión popular si no hubiera al menos un grado suficiente de aceptación de sectores importantes de la población de esas instituciones, tanto en su operación como en su legitimidad. Y esa aceptación tiene que ver en parte importante con la hegemonía que ejercen ciertas ideas a nivel de consciencia. Los suecos o canadienses hoy no aceptarían la confiscación de empresas extranjeras, un gasto público totalmente fuera de control, un tipo de cambio fijo, etc. Ni siquiera los chilenos aceptarían hoy algo así. Y no lo harían porque, por ahora al menos, esas propuestas no son populares a nivel de ideas generales en la sociedad. La mejor prueba es que la popularidad de las reformas socialistas de Bachelet se desplomó a pocos meses de su implementación. Y el rechazo partió por el mundo intelectual.

Es verdad que se pueden comprar los apoyos, pero el puro dinero no basta para mantener un régimen a flote, y menos aún explica que

---

107   Ver: http://institutonacionalmanueldorrego.com/ Última visita: 25-10-2015.

cuando colapsa el régimen por falta de dinero lo que venga sea más de lo mismo, como ocurrió en Argentina por décadas. La ideología no puede explicarlo todo, por supuesto, pero sería un error pensar que esta no juega un rol relevante para explicar la tragedia Argentina con el kirchnerismo y el peronismo en general. Si bien el intelectual marxista argentino Ernesto Laclau pudo tener algo de razón al señalar que los reclamos de bienestar insatisfechos que hace la población contribuyen a configurar el llamado "pueblo" en tanto elemento del populismo, el cual crecientemente se va divorciando del poder político[108], no es para nada evidente que deban existir demandas de mayor intervención estatal para la satisfacción ilimitada de necesidades en la población. Es ahí donde las ideologías, creencias e ideas juegan un rol esencial, como advirtió Alberdi. De lo contrario no podría explicarse la diferencia que el mismo Alberdi describió entre la mentalidad anglosajona y la latina en cuanto a que los primeros buscan pararse sobre sus propios pies y los segundos depender del gobierno.

Por lo demás, el mismo Perón tenía absolutamente claro el rol de la hegemonía cultural y las ideologías como fundamentos de su proyecto político populista. Tanto así que la Escuela Superior Peronista inaugurada en 1951 tuvo por objeto difundir e inculcar la doctrina peronista en las masas a fin de hacer sustentable el corrompido modelo institucional del general. Las clases que el mismo Perón dictaba en dicha escuela no dejan lugar a dudas sobre la relevancia que este daba al mundo de las ideas y la cultura. Según el general, para que el peronismo se proyectara en el tiempo se requería de "poner en marcha no solamente la idea, para que ella sea difundida, sino la fuerza motriz necesaria para que esa idea sea realizada"[109]. La misión fundamental de la escuela era, por lo tanto, "desarrollar y mantener al día la doctrina" e "inculcarla y unificarla en la masa" para después

---

108   Ernesto Laclau, *La razón populista*, Fondo de Cultura Económica, Buenos Aires, 2005, p. 99.

109   Juan Domingo Perón, *Conducción Política*, Instituto Nacional "Juan Domingo Perón" de Estudios e Investigaciones Históricas, Sociales y Políticas, Buenos Aires, 2006, p. 6. Disponible en: http://www.jdperon.gov.ar/institucional/cuadernos/Cuadernillo11.pdf Último acceso 28-12-2015.

capacitar los cuadros conductores[110]. Perón continuaba con reflexiones que vale la pena reproducir por su extraordinaria sintonía con la propuesta gramsciana:

> Desarrollar la doctrina será función de la escuela, será función de los profesores y será función de los alumnos… Las doctrinas no son eternas sino en sus grandes principios, pero es necesario ir adaptándolas a los tiempos, al progreso y a las nuevas necesidades… la segunda función que yo asigno a la escuela es unificar e inculcar nuestra doctrina en la masa… lo importante en las doctrinas es inculcarlas, vale decir, que no es suficiente conocer la doctrina: lo fundamental es sentirla, y lo más importante es amarla… es menester tener cierta mística, que es la verdadera fuerza motriz que impulsa a la realización y al sacrificio para esa realización… La función de esta escuela no es sólo de erudición… sino la de formar apóstoles de nuestra doctrina. Por esa razón, yo no digo enseñar la doctrina: digo inculcar la doctrina… es función de la Escuela la unificación de la doctrina… en otras palabras, enseñar a percibir los fenómenos de una manera que es similar para todos, apreciarlos también de un mismo modo, resolverlos de igual manera y proceder en la ejecución con una técnica también similar[111].

Difícilmente puede haber un reconocimiento más claro que el que hace el mismo Perón al mundo de las ideologías y de las ideas como fundamento del populismo.

Vamos ahora al caso de Chile, cuya desviación populista es probablemente la mayor novedad de la última década en América Latina. Un país que parecía haber logrado escapar de la lógica populista latinoamericana de pronto se vio inmerso en el mismo tipo de ruinosas políticas y discursos ideológicos que su vecino Argentina. El Chile de hoy, como la Argentina del pasado, llegó a ser el país más rico y avanzado de América Latina según todos los indicadores disponibles en las últimas décadas. Y como Argentina, el país tuvo un periodo de bonanza desde mediados del siglo xix hasta la década del treinta del siglo xx, en que la Gran Depresión causó estragos económicos e ideológicos contribuyendo a desbancar la tradición liberal que el país había seguido por medio siglo. Esta tradición se inició por la influencia

---

110   Idem.
111   Ibid., pp. 6-9.

del gran economista liberal francés Jean Gustave Courcelle-Seneuil, quien fue contratado en 1855 por el gobierno del entonces presidente Manuel Montt para asesorar al Ministerio de Hacienda y fundar la disciplina de economía política en la emblemática Universidad de Chile.

El historiador económico Charles Gides describió a Courcelle-Seneuil con algo de sarcasmo diciendo que el francés era "el máximo pontífice de la escuela clásica; las sagradas doctrinas le fueron encargadas y era su vocación exterminar a los herejes"[112]. Esta función de guardián máximo del liberalismo la cumplió en Francia Courcelle-Seneuil, según Gides, mediante el prestigioso *Journal des économistes,* en el cual "no aceptaba la más mínima desviación de la escuela liberal"[113]. Citado por Karl Marx en su magna obra *Das Kapital* y elogiado por Joseph Schumpeter, la influencia de Courcelle-Seneuil y sus discípulos en Chile fue abrumadora. Como ha explicado el profesor Juan Pablo Couyoumdjian, el trabajo de Courcelle-Seneuil "creó una tradición liberal única en la academia chilena", llevando a "un periodo liberal dominante en políticas públicas"[114].

Bajo la influencia de este economista, Chile privatizó minas, abrió aún más el comercio internacional y creó un sistema de banca libre de los más radicales que haya conocido el mundo. Según Jere Behrman, la banca libre fue un símbolo de la aceptación de la doctrina del *laissez-faire* por parte de la clase política chilena[115]. Para tener una idea del tipo de doctrina propuesta por Courcelle-Seneuil y su similitud con el liberalismo de Alberdi, basta reproducir la siguiente reflexión de Zorobabel Rodríguez, uno de los discípulos más famosos del francés en Chile:

---

112   Citado en: Albert O. Hirschman, *Rival Views of Market Society,* Harvard University Press, Cambridge, Massachussets, 1992, p. 184.

113   Idem.

114   Juan Pablo Couyoumdjian, "Hiring a Foreign Expert", in *The Street Porter and the Philosopher: Conversations on Analytical Egalitarianism,* Edited by S. J. Peart and D. M. Levy, University of Michigan Press, 2008, p. 294.

115   Jere H. Behrman, *Foreign Trade Regimes and Economic Development: Chile,* National Bureau of Economic Research, 1976, p. 8. Disponible en: http://www.nber.org/chapters/c4023 Última visita: 27-11-2015.

Por fortuna, el *laissez-faire* no significa… impunidad de los malvados, ni libertad de atentar contra la vida o propiedad ajenas. Significa algo que por muchos aspectos es lo contrario de eso: Gobiernos exclusivamente contraídos a velar porque nadie atente contra el derecho ajeno, a mantener la paz y la seguridad y el orden en el interior y en las fronteras, a administrar los bienes de la nación y a recaudar los impuestos que el desempeño de aquellas importantísimas tareas demande. Significa todavía el *dejad hacer*, hombres dueños de hacer su negocio, su gusto o su capricho según su voluntad y sin otra valla que la que separe su derecho del derecho ajeno… Mientras no haya violencia o fraude, lo mejor que los Gobiernos pueden hacer, lo que deben hacer para mantenerse en el terreno que les es propio es: ponerse al balcón y dejar pasar[116].

Bajo un sistema inspirado en estas ideas, Chile tuvo un periodo de formidable prosperidad: hasta principios del siglo XX el país experimentó un proceso de convergencia con los ingresos de Estados Unidos llegando a ser el país número 16 con el mayor ingreso per cápita del mundo[117]. Todo llegaría a su fin, como en Argentina, luego de la Gran Depresión de los años treinta, que permitió que doctrinas socialistas, colectivistas y nacionalistas que ya venían en alza tomaran fuerza desplazando al liberalismo como la corriente de ideas dominante y llevando al consecuente reemplazo de las instituciones liberales por otras estatistas y populistas. Entre ellas destacaron las promovidas por la Cepal, cuya sede, como hemos visto en el capítulo anterior, se encontraba en Santiago.

El resultado de este nuevo modelo económico fue, como en Argentina, un fracaso completo. En palabras del profesor Felipe Morandé, "un contexto de regulaciones extendidas e intervención en los mercados combinado con inestabilidad macroeconómica endémica terminaron en un crecimiento decepcionante por buena parte

---

116   Sofía Correa, "Zorobabel Rodriguez, Católico Liberal", *Revista Estudios Públicos*, No. 66, Santiago, 1997, p. 409.

117   Rolf Lüders, "La misión Klein-Saks, los Chicago Boys, y la política económica", in: *Reformas económicas e instituciones políticas: la experiencia de la misión Klein- Saks en Chile*, ed. by Juan Pablo Couyoumdjian, Universidad del Desarrollo, Santiago, 2011, p. 209.

del siglo xx"[118]. Pero a diferencia de Argentina, que jamás logró recuperarse, Chile realizó una revolución en las décadas del 70, 80 y 90 que lo hizo regresar a sus orígenes liberales, convirtiéndose en el país más rico, próspero y con la democracia más sólida de América Latina. Según el premio nobel de economía Gary Becker, Chile se convirtió en un "modelo para todo el mundo subdesarrollado", desempeño que según Becker fue aún más notable cuando se considera que el régimen militar de Pinochet dio paso a una democracia[119].

Desde la izquierda, un nobel de economía como Paul Krugman llegaría a afirmar que las reformas liberales chilenas probaron ser "altamente exitosas y fueron preservadas intactas una vez que la democracia se reintrodujo en 1989"[120]. En la misma línea, en 2007, *The Economist* confirmaba el estatus de referente mundial de Chile en materia económica, explicando que en ese país la pobreza había caído "más rápido y en mayor grado que en cualquier parte de América Latina" debido a la "creación de empleos desde mediados de 1980"[121]. Todo esto fue lo que se conoció como "el milagro chileno" y su base fue un consenso alcanzado en el país por la clase política, que entendió que la economía libre era fundamental para sacar al país adelante y asegurar la supervivencia de la democracia. Como dijo Alejandro Foxley, ministro de hacienda del expresidente Patricio Aylwin:

> Yo fui ministro de hacienda desde 1990 a 1994. Siempre dijimos que lo que teníamos que hacer era lograr un equilibrio entre cambio y continuidad. Los países maduros son aquellos que no siempre parten de cero. Tuvimos que reconocer que en el gobierno anterior se habían

---

118   Felipe Morandé, "A Decade of Inflation Targeting in Chile: Main Developments and Lessons", Presentation at the Conference "Monetary Policy and Inflation Targeting in Emerging Economies", organized by the Bank Indonesia and the IMF, Jakarta, July 13 and 14, 2000. Disponible en: http://www.bcentral.cl/eng/policies/presentations/executives/pdf/2000/morandejulio132002.pdf Última visita: 25-10-2015.

119   Gary S. Becker, *What Latin America Owes to the "Chicago Boys"*, Hoover Digest, October 30, 1997. Disponible en: http://www.hoover.org/research/what-latin-america-owes-chicago-boys Última visita: 25-10-2015.

120   Paul Krugman, *The Return of Depression Economics*, Penguin, London, 2008, p. 31.

121   *The Economist*, "Destitute no more: A country that pioneered reform comes close to abolishing poverty", August 16, 2007.

creado los fundamentos de una economía de mercado más moderna y desde ahí partimos, restaurando un balance entre desarrollo económico y desarrollo social[122].

La existencia de este consenso llevaría a Mario Vargas Llosa a escribir en 2006, con ocasión de la elección de entonces entre Michelle Bachelet y Sebastián Piñera, nada menos que lo siguiente:

> Lo prototípico de una elección tercermundista es que en ella todo parece estar en cuestión y volver a fojas cero, desde la naturaleza misma de las instituciones hasta la política económica y las relaciones entre el poder y la sociedad. Todo puede revertirse de acuerdo al resultado electoral y, en consecuencia, el país retroceder de golpe, perdiendo de la noche a la mañana todo lo ganado a lo largo de años o seguir perseverando infinitamente en el error… Aunque no sea aún un país del primer mundo, y le falte bastante para serlo, Chile ya no es un país subdesarrollado… Su progreso ha sido simultáneo en los ámbitos político, social, económico y cultural. Todo ello ha aflorado de manera prístina en estas elecciones. En el debate entre Michelle Bachelet y Sebastián Piñera, que tuvo lugar pocos días antes del final de la segunda vuelta, había que ser vidente o rabdomante para descubrir aquellos puntos en que los candidatos de la izquierda y la derecha discrepaban de manera frontal… Cuando una sociedad abierta alcanza esos niveles de consenso, está bien enrumbada en el camino de la civilización. Comparado con sus vecinos, el civilizado Chile de nuestros días es un país muy aburrido[123].

¿Qué pasó, que Chile dejó de ser aburrido? El mismo Vargas Llosa advirtió a Bachelet en 2015 que no cayera en "tentaciones chavistas"[124]. La respuesta tiene que ver, una vez más, con la hegemonía cultural e intelectual que la izquierda chilena logró construir pacientemente durante décadas con el propósito de destruir la credibilidad y legitimidad del sistema de libre empresa. Ya en el año 2000, cuando Ricardo Lagos asumió como presidente del país, un informe

---

122 Ver: http://www.pbs.org/wgbh/commandingheights/shared/minitextlo/int_alejandrofoxley.html#4 Última visita: 25-10-2015.

123 Mario Vargas Llosa, Bostezos chilenos, *El País*, 29 de enero de 2006. Disponible en: http://elpais.com/diario/2006/01/29/opinion/1138489207_850215.html Última visita: 25-10-2015.

124 Ver: http://www.t13.cl/noticia/politica/mario-vargas-llosa-dice-que-bachelet-no-debiera-caer-en-tentaciones-chavistas Última visita: 25-10-2015.

del Ministerio de Planificación chileno elaborado en conjunto con la Universidad de Chile advertía que la hoja de ruta de los gobiernos de izquierda por venir debía ser terminar con lo que llamaban el sistema "neoliberal". Según el informe, la superación de la desigualdad —que venía disminuyendo radicalmente— era un imperativo moral que requería de una permanente intervención y acción redistributiva del Estado. El informe, elaborado por intelectuales de izquierda, sostenía que los chilenos "no asumen la ideología de mercado, sino que ven en el modelo que la consagra una de las principales fuentes de desigualdad; la desestructuración de las relaciones y del tejido social que el mismo modelo trae consigo"[125]. A este informe se sumarían muchísimos esfuerzos por ir minando la credibilidad del sistema, basados en el igualitarismo sin fundamentos que analizamos en el capítulo anterior y que terminó siendo el núcleo del programa económico revolucionario de Bachelet en su segundo gobierno[126].

Tal fue el éxito de la izquierda chilena en construir una nueva hegemonía —y el fracaso de sus adversarios en preservar la credibilidad del sistema liberal—, que un grupo de asesores de la presidenta Bachelet, en un libro publicado en 2013 titulado *El otro modelo*, que ofrecía el marco teórico para terminar con lo que los autores llamaban "régimen neoliberal", afirmaron derechamente que "hoy se ha abierto un nuevo espacio en la sociedad chilena y una oportunidad para que una nueva hegemonía se afirme"[127]. La hegemonía propuesta por el libro era de corte socialista y sería mejor descrita por la misma Bachelet en otro libro titulado *Ideas para Chile: aportes de la centroizquierda*. Dicha obra reunía un conjunto de ensayos de un grupo aún más amplio de intelectuales de izquierda que proponían el

---

125 *Percepciones culturales de la desigualdad*, estudio realizado por el Departamento de Sociología de la Universidad de Chile y la Unidad de Estudios Prospectivos de Mideplan en el período 1999-2000. Disponible en: http://www. mideplan.cl/admin/docdescargas/ centrodoc/centrodoc197.pdf Última visita: 25-10-2015.

126 Para una investigación más detallada sobre el cambio de hegemonía cultural en Chile ver: Axel Kaiser, La Fatal Ignorancia, Unión Editorial-Fundación para el Progreso, Madrid, 2014.

127 Fernando Atria, José Miguel Benavente, Javier Couso, Guillermo Larraín y Alfredo Joignant, *El otro modelo*. Ed. Debate, Santiago, 2013, p. 353.

nuevo camino estatista para Chile. En el prólogo del libro, publicado en 2010, la entonces expresidenta escribió lo siguiente, dando cuenta de la derrota aplastante de las ideas liberales en la discusión política e intelectual chilena:

> Hoy la noción de un Estado que activamente promueve el desarrollo y garantiza la protección social no se cuestiona ni siquiera por quienes ayer criticaban esa acción del Estado. La reivindicación de lo público y de la acción estatal, el abandono del dogma desregulador es, quizás, nuestro mayor logro como cultura política... Con mi gobierno se terminó de romper el tabú del Estado de bienestar, tan demonizado en la dogmática neoliberal... esa es la base que se viene para adelante[128].

Bachelet y los autores de *El otro modelo* tenían razón: la hegemonía ideológica en la discusión pública chilena había cambiado desde ideas más bien liberales y la noción de un Estado subsidiario a ideas socialistas igualitaristas proclives a un Estado intervencionista y redistribuidor. Con mayoría en las dos cámaras del congreso, el proyecto socialista de Bachelet, que uno de los senadores de su coalición de gobierno describió como una "retroexcavadora" para terminar con el sistema "neoliberal", comenzó a llevarse a cabo agresivamente. La izquierda gobernante, escudada en el manto de moralidad de la causa igualitarista, volvió a polarizar el ambiente, a utilizar la retórica populista de buenos contra malos, el odio de clases y la lógica del pueblo y antipueblo. Muchas reformas fueron lanzadas al mismo tiempo para dejar en jaque a una oposición desintegrada e intelectualmente derrotada. Así se produjo un cambio total al sistema tributario que dejó a Chile con impuestos a las empresas más altos que Suecia y que destruyó los incentivos al ahorro. También se realizó una reforma educacional que volvió a entregar el control de buena parte de la educación al Estado, se instaló la idea de una asamblea constituyente como en Venezuela, se promovió una reforma laboral para empoderar a los sindicatos y hacerlos en la práctica controladores de las empresas, se analizaron propuestas para reestatizar el sistema de pensiones y se plantearon medidas para la confiscación de la cotización privada a la salud, entre

---

128 *Ideas para Chile*, Clarisa Hardy editora, LOM, Santiago, 2010, pp. 8-9.

muchas otras. Como era de esperarse, las consecuencias de este nuevo populismo socialista fueron devastadoras, llevando en algo más de un año al país estrella de América Latina a tener los peores resultados económicos en treinta años. La prensa internacional acusó el impacto tempranamente. El *Financial Times* sostuvo que Chile representaba mejor que ningún país la era de la "nueva mediocridad económica"[129], el *Wall Street Journal* publicaba un artículo titulado "El milagro chileno va en reversa"[130], *The Economist* se preguntaba si acaso Bachelet no estaba arriesgando el modelo de desarrollo de Chile[131] y el diario *El Comercio* de Perú afirmaba en un editorial que "si Chile implementa el cambio de rumbo que propone Bachelet, deberíamos aprovechar el momento para profundizar la apertura de nuestra economía y tomar el liderazgo económico de la región que el vecino del sur, probablemente, abandonaría"[132].

En línea con la prensa internacional, en una visita al país, el prestigioso historiador y profesor de Harvard Niall Ferguson llegó a sostener que Chile había sido muy inteligente pero que podía estar ejerciendo su "derecho a ser estúpido"[133]. Y un tiempo después, el célebre economista y filósofo francés Guy Sorman diría que la presidenta Bachelet había sido "muy ideológica al castigar a los empresarios vía el sistema impositivo o al tratar de destruir la educación privada, de una forma en que ella ha frenado el progreso"[134].

---

129   *Financial Times*, Chile faces tougher sell to investors as growth stalls October 13, 2014. Disponible en: http://www.ft.com/intl/cms/s/0/fbcefd70-52d9-11e4-9221-00144feab7de.html#axzz3nyWV9D00 Última visita: 25-10-2015.

130   Mary O' Grady, The Chile 'Miracle' Goes in Reverse, November 2, 2014. Disponible en: http://www.wsj.com/articles/mary-anastasia-ogrady-the-chile-miracle-goes-in-reverse-1414973280 Última visita: 25-11-2015.

131   *The Economist*, Reform in Chile: The lady's for turning, May 24, 2014. Disponible en: http://www.economist.com/news/americas/21602681-michelle-bachelet-putting-her-countrys-growth-model-risk-ladys-turning Última visita: 25-10-2015.

132   Ver: http://elcomercio.pe/opinion/editorial/editorial-chile-europea-noticia-1716343 Último acceso: 03-01-2016.

133   *El Mercurio*, C4, Septiembre 6 de 2014.

134   *El Mercurio*, 16 de agosto de 2015. Disponible en: http://www.economiaynegocios.cl/noticias/noticias.asp?id=173601 Última visita: 25-10-2015.

Paralelamente la inversión se desplomaba, el crecimiento económico caía a la mitad, el gobierno llevaba el gasto fiscal más expansivo en décadas, la deuda subía, la inflación superaba lo tolerado por el Banco Central y la incertidumbre se generalizaba. El gobierno intentó culpar de ello a la caída del precio del cobre, algo que no era verosímil, pues producto de la caída del precio del petróleo los términos de intercambio de Chile quedaron casi iguales, pues el país importa prácticamente la totalidad del petróleo que consume. Entre muchos otros, el destacado economista chileno Klaus Schmidt-Hebbel, que fuera economista jefe y director del Departamento Económico de la OCDE, gerente de investigación económica del Banco Central de Chile y economista principal del Departamento de Investigación del Banco Mundial, sostuvo que la crisis chilena se produjo debido a la incertidumbre y la destrucción de incentivos derivadas de las políticas estatistas del gobierno de Bachelet y no por las condiciones externas. Schmidt-Hebbel, conocido por su calidad técnica y capacidad de entenderse con diversos sectores políticos, interpeló a la presidenta Bachelet diciéndole que era imperioso que el "gobierno corrija sustancialmente el programa inicial, enmendando las peores deficiencias de las reformas ya aprobadas y reformulando los malos proyectos de reformas futuras"[135].

Lamentablemente para Chile y América Latina, Bachelet, si bien mostró dudar especialmente cuando su hijo se vio envuelto en escándalos de corrupción, no echó marcha atrás y continuó la agenda populista. Apreciando el peligro que esto representaba, en mayo de 2015 *The Economist* advertía que Chile podía correr el riesgo de caer en "el populismo estilo argentino" y que dependía de Bachelet evitar ese destino[136]. En octubre de ese año, el mismo medio afirmaba que "Chile enfrentaba un riesgo real de perder su camino" y que la his-

---

135   Klaus Schmidt-Hebbel, Crecimiento Cero, *El Mercurio*, 9 de Junio de 2015. Disponible en: http://www.economiaynegocios.cl/noticias/noticias.asp?id=152007 Última visita: 25-10-2015.

136   *The Economist*, An Anxious Role Model, May 9, 2015. Disponible en: http://www.economist.com/news/americas/21650580-chile-needs-change-should-build-its-strengths-anxious-role-model Última visita: 25-10-2015.

toria culparía "mayoritariamente a Bachelet" de haber destruido las posibilidades de desarrollo del país[137].

La Iglesia católica y Francisco: ¿el papa socialista?

El fenómeno populista y socialista latinoamericano se ha nutrido como en ninguna parte del activismo de la Iglesia católica. Cuando Carlos Rangel sostuvo que "la Iglesia Católica tiene más responsabilidad que ningún otro factor en lo que es y en lo que no es la América Latina" no estaba exagerando[138]. Tampoco exageraba el connotado intelectual mexicano Enrique Krauze cuando afirmó que "en América Latina el trasfondo religioso de la cultura católica ha permeado siempre la realidad política con sus categorías mentales y paradigmas morales"[139]. Dando cuenta del tipo de categorías mentales y paradigmas morales difundidos por la Iglesia católica, Rangel escribió:

> La Iglesia, tras varios siglos de pánico y desconcierto por el auge del liberalismo capitalista, librepensador y secularizador, ha tenido la divina sorpresa de darse cuenta de que en el socialismo marxista tiene... un aliado *táctico* precioso en la propagación del mensaje según el cual los mayores enemigos de la salvación del hombre son los mercaderes, y la tarea más urgente, echarlos del templo[140].

El caso más emblemático de la promoción de categorías socialistas por parte de la Iglesia fue la famosa *teología de la liberación*, desarrollada a partir de los años sesenta. Aunque esta teología también fue endosada por sacerdotes protestantes y no se limitó a América Latina, fue aquí donde tuvo su desarrollo más potente. La primera vez que se mencionó esta doctrina fue en 1968 por el sacerdote peruano Gustavo Gutiérrez, aunque sus orígenes eran anteriores[141]. Es

---

137   *The Economist*, Damage control in Chile, October 24th, 2015. Disponible en: http://www.economist.com/news/americas/21676825-michelle-bachelets-reluctant-retreat-towards-centre-damage-control-chile Última visita: 25-10-2015.

138   Rangel, p. 227.

139   Enrique Krauze, *Redentores: ideas y poder en América Latina*, Debate, México, 2011, p. 13.

140   Rangel, pp. 262-263.

141   Marian Hillar, *Liberation Theology: Religious Response to Social Problems*. A Survey. Humanism and Social Issues. Anthology of Essays. M. Hillar and H.R. Leuchtag, eds., American Humanist Association, Houston, 1993, p. 36.

muy importante recordar el discurso de Gutiérrez *Hacia una teología de la liberación* para entender cómo el ideal marxista de libertad entendida como la no sujeción a condiciones materiales se ha apoderado del discurso de la Iglesia católica latinoamericana, convirtiéndose en parte de la hegemonía socialista y populista que nos caracteriza hasta el día de hoy.

Lo primero que Gutiérrez descartó fue la idea tradicional católica de que la fe y la religión no son de este mundo. Según Gutiérrez, "una vida del más allá que hace perder importancia a la vida presente, una teología sobrenaturalista que devora los valores naturales", como la que promovía la Iglesia, era un error[142]. De lo que se trata, dijo, no es del más allá sino del presente y por tanto la liberación no es puramente espiritual, sino también económica y social, es decir, material. Según Gutiérrez, quien estudiaría en la Universidad de Lovaina, Bélgica, especializándose en pensadores como Marx, Hegel y Freud, "la Iglesia como institución está orientada al más allá, al absoluto". Y agregaba, recurriendo a Marx y Engels, que la misión debía ser otra:

> Se trata de que la teología encare este signo de los tiempos que es la liberación del hombre, que lo escrute a fondo. Eso nos va a dar una perspectiva determinada para juzgar la estructura del esquema de dominación económica y política. Cuando hablamos de dominación económica ponemos el dedo en la llaga, sobre todo si decimos que lo que nos importa es liberar al hombre, como dice el Papa, de todo aquello que lo domina, venga de la naturaleza o del hombre. La dominación económica y política no será únicamente en efecto tener a los hombres sujetos económicamente, será también impedirles ser hombres. Gran signo de los tiempos frente al cual hay que tomar partido[143].

Gutiérrez y sus seguidores se encontraban convencidos de la "teoría de la dependencia" que analizamos en el capítulo anterior y según la cual América Latina era pobre por culpa del capitalismo mundial

---

Disponible en: http://www.socinian.org/files/LiberationTheology.pdf Última visita: 25-10-2015.

142   Gustavo Gutiérrez, *Hacia una teología de la liberación*, disponible en: http://www.ensayistas.org/critica/liberacion/TL/documentos/gutierrez.htm Última visita: 25-10-2015.

143   Idem.

y la explotación de los países ricos. En su libro dedicado a explicar la teología de la liberación, Gutiérrez escribió que "el subdesarrollo de los pueblos pobres, como hecho social global" era "producto histórico del desarrollo de otros países"[144]. Según el sacerdote peruano, "la dinámica de la economía capitalista lleva al establecimiento de un centro y una periferia" generando "progreso y riqueza para los menos y desequilibrios sociales, tensiones políticas y pobreza para los más"[145]. Como consecuencia, la liberación de América Latina pasaba, para Gutiérrez, por la revolución violenta que terminara la explotación internacional.

Estas ideas reflejaron la proximidad de la Iglesia con las doctrinas socialistas y colectivistas de entonces. Tan fuera de lugar estaban los católicos que seguían estas ideas, que el teólogo Joseph Ratzinger, en ese entonces Prefecto de la Sagrada Congregación para la Doctrina de la Fe, quien se convertiría décadas después en el papa Benedicto XVI, escribiría que la Sagrada Congregación buscaba "atraer la atención de los pastores, de los teólogos y de todos los fieles sobre las desviaciones y riesgos de desviación ruinosos para la fe y para la vida cristiana que implican ciertas formas de la teología de la liberación y que recurren de manera insuficientemente crítica a conceptos tomados de diversas corrientes del pensamiento marxista"[146].

El mismo Ratzinger decía que quienes veían en las estructuras injustas económicas y sociales la raíz de todos los males habían entendido todo al revés, pues era la libertad de actuar bien evitando el mal lo que estaba fallando y por tanto el pecado no era social sino individual. Dando una lección sobre libertad, Ratzinger afirmó que esta se encontraba en todos los seres humanos, incluyendo ricos y pobres. Y que de ella, y no de la revolución violenta, dependía la resolución de injusticias y miserias. "Cuando se pone como primer imperativo la

---

144   Gustavo Gutiérrez, *Teología de la liberación,* Ediciones Sígueme, 7ª edición, Salamanca, 1975, p. 118.

145   Idem.

146   Joseph Ratzinger, Instrucción sobre algunos aspectos de la teología de la liberación, *Revista Ciencia Política,* Vol. VI, No. 2, Universidad Católica de Chile, 1984, p. 140. Disponible en: http://www.revistacienciapolitica.cl/rcp/wp-content/uploads/2013/08/07_vol_06_2.pdf Última visita: 25-10-2015.

revolución de las relaciones sociales —escribió el teólogo alemán— y se cuestiona a partir de aquí la búsqueda de la perfección moral, se entra en el camino de la negación del sentido de la persona... y se arruina la ética y su fundamento que es el carácter absoluto de la distinción entre el bien y el mal"[147]. Y más adelante diría que "la negación de la persona humana, de su libertad y de sus derechos, están en el centro de la concepción marxista"[148].

Luego Ratzinger lanzaría una crítica fulminante en contra del marxismo que muchos sacerdotes y fieles católicos latinoamericanos habían abrazado como método de análisis para justificar su propuesta revolucionaria. El marxismo no tendría de "científico" más que una pretensión, explicó Ratzinger, denunciando que ella ejercía "una fascinación casi mítica" cuando en realidad se trataba de una ideología "totalizante" cuyo análisis se basaba en tantos supuestos *a priori* que el hecho de compartirlo ya implicaba compartir la ideología[149].

A pesar de los esfuerzos de Ratzinger, las ideas prosocialistas fueron la moda católica en América Latina durante décadas. Incluso aquellos sectores de la Iglesia que las resistían igualmente compartían un anticapitalismo y un antiindividualismo viscerales que contribuían a allanar el camino para la hegemonía socialista populista que tanto daño ha hecho a la región hasta el día de hoy. Este espíritu anticapitalista quedaría plasmado en la Conferencia Episcopal de Medellín celebrada en 1968. En ella, los obispos de América Latina, si bien condenaban el marxismo por llevar, según ellos, a pesar de su "humanismo", a una sociedad "totalitaria", condenaban casi con mayor fuerza "el sistema liberal capitalista" por atentar "contra la dignidad de la persona humana" al tener como presupuesto "la primacía del capital, su poder y su discriminatoria utilización en función del lucro"[150].

---

147 Ibid., p. 146.
148 Ibid., p. 151.
149 Ibid., p. 150.
150 El texto se encuentra disponible en: http://www.diocese-braga.pt/catequese/sim/biblioteca/publicacoes_online/91/medellin.pdf Última visita: 25-10-2015.

Tan inclinada se encontraba la opinión de la Iglesia católica latinoamericana hacia el socialismo que, en el informe que el presidente
Richard Nixon encomendara al gobernador Nelson Rockefeller sobre
la situación de la amenaza marxista en Latinoamérica, esta ocuparía
un lugar especial. El informe, realizado por Rockefeller y un grupo
de expertos que lo acompañó a visitar veinte países de la región, sostendría que la Iglesia se había convertido en "una fuerza de cambio,
y de cambio revolucionario si es necesario"[151]. Más aún, de acuerdo
con el informe, la Iglesia, siguiendo un "profundo idealismo", se había tornado en algunos casos "vulnerable a la penetración subversiva;
lista para tomar parte en la revolución si es necesario para terminar
injusticias, pero sin tener claridad respecto a la naturaleza de la revolución misma o del sistema de gobierno mediante el cual la justicia
puede realizarse"[152].

Si bien actualmente el análisis de Rockefeller se encuentra des-
contextualizado, pues la Guerra Fría ha terminado, el espíritu adverso
a la libertad y al mercado es probablemente hoy más agudo entre los
católicos latinoamericanos que en cualquier otro grupo católico occidental. La más alta expresión de este anticapitalismo se ha dado con
la elección del argentino Mario Bergoglio como Sumo Pontífice. El
papa Francisco es, sin duda, un hombre con las mejores intenciones
y ha hecho de la opción por los pobres su pasión de vida. Y si bien se
opuso a la teología de la liberación en sus aspectos marxistas, nadie
puede discutir que comparte buena parte de la intuición socialista que
esta promovió.

Digamos primero, para entender mejor a este hombre, que él
pertenece a la orden jesuita. Los jesuitas son conocidos por su de-
dicación a temas sociales y a la pobreza, y por su simpatía con movimientos que buscan la refundación del orden social cayendo en
retóricas que alientan la lucha de clases. Además, suelen ser visce-
ralmente anticapitalistas, antiliberales y desconocedores de cuestio-
nes fundamentales de economía. Según recuerda Carlos Rangel, en

---

151 *The Rockefeller Report on The Americas*, Quadrangle Books, Chicago,
1969, p. 31.
152 Idem.

Hispanoamérica los jesuitas, seguidores de San Ignacio de Loyola, que fundó la orden en 1534, constituyeron uno de los "pocos ejemplos históricos de un régimen socialista consecuente con sus principios"[153]. En Paraguay, desde su instalación en 1588 hasta cerca del año 1700, crearon cerca de treinta misiones con unos cien mil indios. Toda la propiedad era comunitaria y las relaciones eran estrictamente paternalistas. La libertad individual simplemente no existía. Rangel explica que "la actitud de los jesuitas hacia los indígenas era la de adultos encargados de la guarda y custodia de menores permanentes, de niños de quienes no se suponía ni esperaba que llegarían nunca a la edad adulta, a la razón y a la madurez. Los 'neófitos' (como se les llamaba) no recibían ningún estímulo hacia la responsabilidad, sólo hacia la obediencia"[154].

A pesar de que los misioneros jesuitas siguieron un paradigma comunitario socialista, sería un error sostener que en las esferas intelectuales estos siempre fueron contrarios al libre mercado. De hecho, aunque parezca increíble, fueron en buena medida sacerdotes católicos, entre los que había varios jesuitas, quienes sentaron las bases del análisis económico liberal moderno, legado que se perdió con el tiempo para ser enteramente reemplazado por el marxismo y doctrinas antiliberales[155]. Sobre esto volveremos luego. Por ahora vale la pena detenerse en el pensamiento económico y social del papa Francisco y dejar en evidencia sus errores y falacias.

La revista *Fortune* rescataba en 2015 cinco citas del Papa sobre el capitalismo en que dejaba en evidencia su rechazo por el sistema de libre empresa. Es oportuno reproducirlas y analizarlas, en parte para entender cómo la visión del nuevo Sumo Pontífice contribuye a afirmar la hegemonía cultural socialista y populista en América Latina. Entre otras cosas, el Papa dijo que "la adoración del becerro de oro antiguo ha vuelto en un nuevo y despiadado disfraz en la idolatría del

153   Rangel, p. 248.
154   Ibid., p. 250.
155   Chris Flemming, David Rigamer and Walter Block, The Jesuits: From Markets to Marxism, From Property Protection to Social Progressivism, *Romanian Ecoomic and Bussiness Review*, Vol. 7, No. 2. Disponible en: http://www.rebe.rau.ro/RePEc/rau/journl/SU12/REBE-SU12-A1.pdf Última visita: 25-10-2015.

dinero y la dictadura de una economía impersonal carente de un propósito verdaderamente humano"[156]. También sostuvo que "la crisis mundial que afecta a las finanzas y la economía deja al descubierto sus desequilibrios y, sobre todo, su falta de preocupación real para los seres humanos; el hombre se reduce a una de sus necesidades por sí solo: el consumo". En otra oportunidad, Francisco desafió lo que la realidad ha probado y que en el mundo económico goza de consenso con la siguiente e increíble frase:

> Algunas personas siguen defendiendo teorías del chorreo que asumen que el crecimiento económico, animado por un mercado libre, inevitablemente va a tener éxito en el logro de una mayor justicia e inclusión en el mundo. Esta opinión, que nunca ha sido confirmada por los hechos, expresa una confianza ingenua y cruda en la bondad de los que ejercen el poder económico y en el funcionamiento sacralizado del sistema económico imperante[157].

Dando un discurso en Bolivia, donde recibiría un crucifijo con la hoz y el martillo comunistas de manos del presidente Morales, Francisco volvió a lanzarse contra el mercado afirmando que el dinero era "el estiércol del diablo" y que el bien común había sido olvidado. En el mismo tenor de Marx y para gran satisfacción de Evo Morales, el Papa prosiguió:

> Una vez que el capital se convierte en un ídolo y guía las decisiones de la gente, una vez que la codicia por el dinero preside todo el sistema socioeconómico, arruina a la sociedad, condena y esclaviza a los

---

156 Tom Huddleston Jr, 5 times Pope Francis talked about money, *Fortune*, September 14, 2015. Disponible en: http://fortune.com/2015/09/14/pope-francis-capitalism-inequality/ Última visita: 25-10-2015. La cita reproducida por el Vaticano es: "La adoración del antiguo becerro de oro (cf. Ex. 32, 15-34) ha encontrado una versión nueva y despiadada en el fetichismo del dinero y en la dictadura de la economía sin un rostro y un objetivo verdaderamente humano". Ver: https://w2.vatican.va/content/francesco/es/speeches/2013/may/documents/papa-francesco_20130516_nuovi-ambasciatori.html Último acceso: 03-03-2016.

157 Idem. La cita según el Vaticano es: "La crisis mundial que afecta a las finanzas y a la economía pone de manifiesto sus desequilibrios y, sobre todo, la grave carencia de su orientación antropológica, que reduce al hombre a una sola de sus necesidades: el consumo". Ver: https://w2.vatican.va/content/francesco/es/speeches/2013/may/documents/papa-francesco_20130516_nuovi-ambasciatori.html Último acceso: 03-03-2016.

hombres y mujeres y que destruye la fraternidad humana, lanza a los unos contra los otros y, como vemos claramente, incluso pone en riesgo nuestra casa común[158].

Como los conocidos populistas latinoamericanos, Francisco parece creer que el capitalismo es causa de buena parte de los males del mundo y un juego de *suma cero* donde unos ganan lo que otros pierden. Es evidente que el Papa ignora conceptos elementales de economía, así como la historia económica y la evidencia empírica. En esto, debemos decirlo, ha sido sumamente irresponsable, ofreciendo más municiones ideológicas para aquellos que han condenado a su país y continente a la miseria, a la inestabilidad y a la opresión que él mismo denuncia. Cuando el Papa denuncia el capitalismo y sostiene que se basa en una "economía impersonal", en realidad lo que está atacando es la base de la civilización moderna fundada en el principio de división del trabajo y la idea de dignidad como la posibilidad de perseguir libremente fines propios.

Antiguamente, los seres humanos éramos autosuficientes y debíamos producir todo lo que necesitábamos en comunidades cerradas donde todos se conocían entre sí. El intercambio era limitado y la miseria la realidad generalizada. Con el gradual desarrollo del mundo moderno, el comercio y la especialización, estos lazos fueron desapareciendo y las sociedades cerradas carentes de libertad se convirtieron en sociedades abiertas en que ya no eran relaciones personales las que definían la estructura productiva y social, sino reglas impersonales que permitían incrementar nuestra productividad y libertad, llevando a sociedades muchísimo más complejas. Un ejemplo de ello es el reemplazo que el dinero hizo del trueque permitiendo una expansión de la actividad económica y la creación de riquezas antes desconocidas. Volver a una economía personal eliminando el dinero como medio de intercambio implicaría retroceder varios milenios en el desarrollo de la humanidad.

La misma liviandad de juicio se observa cuando el Papa denuncia la crisis financiera, pues esta fue causada fundamentalmente por los gobiernos y bancos centrales que crearon burbujas de

---

158   Idem.

crédito e inmobiliarias que arrastraron el sistema al colapso[159]. De hecho, la crisis de 2008 tuvo en su epicentro una medida que el papa Francisco probablemente habría promovido: la entrega de hipotecas más baratas a personas de bajos ingresos para que pudieran hacerse dueñas de una casa. Esta medida fue impuesta por el Estado norteamericano y fue el origen de los famosos créditos *sub prime*, palabra que se refiere a la baja calidad de esa deuda y que, precisamente, da el nombre a la *crisis sub prime*. Cuando las tasas de interés comenzaron a subir producto de la inflación creada por otro órgano de origen estatal, la Reserva Federal, los deudores *sub prime* de bajos ingresos no pudieron pagar. Entonces se remataron las casas cuyo precio resultó ser más bajo que lo registrado en los balances de los bancos, lo que los llevó a hacer pérdidas dramáticas. Producto de las pérdidas, comenzaron a quebrar estos bancos, arrastrando a otros bancos e impactando la economía real. Entre las instituciones que más contribuyeron al desastre se encontraban Fannie Mae y Freddie Mac, ambas creadas por el gobierno de Estados Unidos para facilitar hipotecas para personas de bajos recursos. Entre las dos llegaron a ser responsables de casi el 50% del mercado hipotecario de Estados Unidos, incentivando la entrega de créditos a personas sin capacidad de pago por parte de instituciones privadas a las cuales luego compraban esas hipotecas para convertirlas en los famosos *mortgage backed securities*, instrumentos securitizados que vendían luego en el mercado.

Nada de todo esto es sabido por Francisco, pero él insiste en que el capitalismo es el culpable de una crisis que en realidad fue engendrada por políticas sociales y monetarias del Estado. Como argumentó en 2009 el profesor de la universidad de Stanford John Taylor, uno de los máximos expertos del mundo en política monetaria: "Mi investigación muestra que fueron las acciones e intervenciones del gobierno y no una falla o inestabilidad inherente

---

159   Para una investigación completa acerca de cómo el Estado norteamericano creó la crisis financiera ver: Axel Kaiser, *La miseria del intervencionismo: 1929-2008*, Unión Editorial, Madrid, 2014.

a la economía privada, lo que causó, prolongó y dramáticamente empeoró la crisis"[160].

Más evidente y grave es el desconocimiento de Su Santidad cuando sostiene que el libre mercado no mejora la situación de los pobres y que la idea de que lo hace "nunca ha sido demostrada por los hechos". Si hay algo que la historia económica y la evidencia demuestra sin discusión alguna es que el capitalismo es precisamente la fuerza que más ha sacado adelante a los pobres del mundo. Aunque ya vimos esto en el primer capítulo, es conveniente insistir en este punto citando nueva evidencia.

La connotada economista Deirdre McCloskey, en su estudio sobre el incremento de oportunidades y riqueza en el mundo, ha sostenido que "los pobres han sido los principales beneficiarios del capitalismo"[161]. Los beneficios resultantes de la innovación en un mercado abierto de acuerdo con instituciones liberales —sostiene McCloskey— van primero a los ricos que la generaron. Pero luego, lo que la evidencia histórica muestra es que estos inevitablemente benefician a los menos aventajados al producir un descenso de los precios en relación, crear más oportunidades laborales y mayor movilidad social llevando a una mejor distribución del ingreso[162]. Vamos a datos concretos.

En su extraordinario libro *Poverty and Progress*, el profesor de la Universidad de California, Los Ángeles, Deepak Lal, ha demostrado que el capitalismo ha sido la fuerza de reducción de la pobreza más formidable jamás conocida. Según Lal, "si los países del tercer mundo crecieran a tasas por sobre el 3% anual, el tan despreciado proceso de 'chorreo' disminuiría rápidamente la pobreza estructural"[163]. Ahora bien, debemos insistir en que, contrario a lo que piensa el papa Francisco y los populistas, la historia de la humanidad antes

---

160   John Taylor, How Government Created the Financial Crisis, *The Wall Street Journal*, Februry 9, 2009. Disponible en: http://www.wsj.com/articles/SB123414310280561945 Última visita: 25-10-2015.

161   Deidre N. McCloskey, *Bourgeois Dignity*, The University of Chicago Press, Chicago, 2010, p. 70.

162   Idem.

163   Deepak Lal, *Poverty and Progress*, Cato Institute, Washington, 2013, p. 1.

del capitalismo es la historia de la pobreza. En Europa occidental, por ejemplo, el nivel de ingreso per cápita anual el año 1 después de Cristo (d.C) era de 576 dólares, el año 1.000 d.C. era de 427 dólares y el año 1.500 d.C de 771 dólares[164]. Esto significa que, en una de las regiones más ricas del mundo actual, casi toda la población vivió por milenios con menos de 2 dólares diarios, es decir, en condiciones de pobreza extrema. Luego de la Revolución Industrial —el hito por excelencia de la historia capitalista— esta cifra pasaría a multiplicarse por un factor de 30 para llegar a casi 20.000 dólares el año 2003. En otras palabras, la pobreza desapareció en Europa occidental gracias al capitalismo. Lo mismo ocurrió para todo Occidente mientras regiones como África, América Latina y los países otrora socialistas quedaron rezagados, aunque en las últimas décadas en general han experimentado progresos importantes producto de su apertura al sistema capitalista.

Este progreso, por cierto, no se limita a los ingresos. Todos los demás indicadores, como la mortalidad infantil, expectativas de vida, nutrición, entre otros, han mejorado sustancialmente gracias al sistema de mercado, incluso en los países más pobres, donde de uno u otro modo han llegado los efectos de la globalización. De ahí que el papa Francisco, en lugar de ayudar, perjudica a los pobres cuando adhiere y promueve activa e irresponsablemente el mismo discurso anticapitalista de los populistas en todo el mundo. Pues, como ha explicado McCloskey, lo que permitió la Revolución Industrial y que nos llevó a niveles de riqueza, bienestar y libertad nunca antes vistos en la historia humana fue la retórica positiva sobre el rol del empresario, el lucro y la burguesía. Dice la profesora que fue "un cambio retórico alrededor de los 1.700 en relación con los mercados, la innovación y la burguesía… un cambio en la manera de hablar y pensar sobre la libertad y dignidad" del burgués, lo que produjo el milagro productivo sin precedentes[165]. Por eso, McCloskey insiste en que hablar en contra de los empresarios y de la función creadora del capitalismo, como hace Francisco, genera efectos culturales e institucionales que

---

164   Ibid., p. 10. Todos estos son dólares en valor de 1990.
165   McCloskey, p. 33.

dificultan a los pobres salir adelante. Esto porque se deslegitiman injustamente las ideas e instituciones de la economía libre y facilita a sus enemigos impedirlas o destruirlas. Además, lo único que se logra con la doctrina de la caridad mediante impuestos y redistribución, dice la economista, es la "santificación de la envidia", donde unos pocos ganan y la mayoría permanece "pobre e ignorante"[166].

Francisco, entonces, ha entendido todo mal. Tan evidente es esto que el profesor de la Universidad de Harvard y director del Centro para el Desarrollo Internacional de esa universidad, el venezolano Ricardo Hausmann, se vio en la necesidad de contestar al papa Francisco en un decidido artículo publicado en 2015 titulado *¿Es el capitalismo la causa de la pobreza?* En él Hausmann refutaba al Papa en los siguientes términos:

> ¿Son los problemas que preocupan al Papa consecuencia de lo que él llama un capitalismo "desenfrenado"? O, por el contrario, ¿son consecuencia de que el capitalismo no haya logrado implantarse como se esperaba? ¿Debería una agenda para promover la justicia social estar basada en frenar el capitalismo o en eliminar las barreras que impiden su expansión? La respuesta en América Latina, África, el Oriente Medio y Asia claramente es la segunda opción… El capitalismo… permitió un aumento de la productividad sin precedentes. La división del trabajo dentro y entre empresas, que para 1776 Adam Smith ya había concebido como el motor del crecimiento, hizo posible una división de los conocimientos entre individuos que permitió que el conjunto supiera más que las partes y formara redes de intercambio y colaboración cada vez más amplias[167].

Según Hausmann, las expresiones que el Sumo Pontífice emitió en Bolivia condenando el capitalismo fueron "bien poco acertadas" ya que el problema en Bolivia era que las grandes empresas no se instalaban en ese país, simplemente, porque era poco rentable. De ahí la pobreza boliviana. Lo mismo se aplica para el resto de los países

---

166   Ibid., pp. 421-422.

167   Ricardo Hausmann, ¿Es el capitalismo la causa de la pobreza?, Project Syndicate, Agosto 21, 2015. Disponible en: http://www.project-syndicate.org/commentary/does-capitalism-cause-poverty-by-ricardo-hausmann-2015-08/spanish Última visita: 25-10-2015.

pobres. Dice Hausmann: "El problema más fundamental del mundo en desarrollo es que el capitalismo no ha reorganizado la producción ni el empleo en los países y regiones más pobres, con lo que la mayor parte de la fuerza laboral ha quedado fuera de su ámbito operacional".

Finalmente, el profesor de Harvard concluyó, confirmando lo que planteamos en este libro, que "los países más pobres del mundo no se caracterizan por tener una confianza ingenua en el capitalismo, sino una completa desconfianza". Esto llevaría "a fuertes demandas de intervención gubernamental y regulación del comercio" bajo las cuales "el capitalismo no prospera y las economías permanecen pobres". Hausmann terminó sosteniendo que el sufrimiento de los países pobres "no es consecuencia de un capitalismo desenfrenado, sino de un capitalismo que ha sido frenado de manera equivocada"[168].

Con ello podemos retornar a la pregunta original que la prestigiosa revista *Newsweek* ponía en su portada en diciembre de 2013: ¿Es el papa Francisco un socialista?[169]. Juzgando por sus opiniones sobre el sistema económico, no cabe duda de que su filosofía se encuentra más cercana al socialismo que al liberalismo o a una visión mesurada y ponderada sobre el capitalismo. Está muy lejos de Juan Pablo II, quien en su encíclica *Centesimus Annus* fue mucho más ponderado en su juicio sobre la economía libre reconociendo que "tanto a nivel de naciones, como de relaciones internacionales, el libre mercado es el instrumento más eficaz para colocar los recursos y responder eficazmente a las necesidades"[170]. Juan Pablo II concluiría lo siguiente:

> ¿Se puede decir quizá que, después del fracaso del comunismo, el sistema vencedor sea el capitalismo, y que hacia él estén dirigidos los esfuerzos de los países que tratan de reconstruir su economía y su sociedad? ¿Es quizá éste el modelo que es necesario proponer a los países del tercer mundo, que buscan la vía del verdadero progreso económico y civil? La respuesta obviamente es compleja. Si por "capitalismo" se

---

168   Idem.
169   Is Pope Francis a Socialist?, *Newsweek*, December 12, 2013. Disponible en: http://www.newsweek.com/2013/12/13/pope-francis-socialist-244916.html Última visita: 25-10-2015.
170   Juan Pablo II, Centesimus Annus, 1991, disponible en: http://w2.vatican.va/content/john-paul-ii/es/encyclicals/documents/hf_jp-ii_enc_01051991_centesimus-annus.html Última visita: 25-10-2015.

entiende un sistema económico que reconoce el papel fundamental y positivo de la empresa, del mercado, de la propiedad privada y de la consiguiente responsabilidad para con los medios de producción, de la libre creatividad humana en el sector de la economía, la respuesta ciertamente es positiva, aunque quizá sería más apropiado hablar de "economía de empresa", "economía de mercado", o simplemente de "economía libre"[171].

La economía libre era el camino de los países pobres, pensaba Juan Pablo II. Pero más allá de ello, ¿se puede decir que el libre mercado es del todo ajeno a la tradición católica? Para nada. Como mencionamos ya, fueron sacerdotes españoles católicos quienes sentaron las bases del liberalismo económico moderno. En su extraordinario libro *Raíces cristianas del libre mercado*, Alejandro Chafuén realizó un acabado estudio del pensamiento escolástico tardío que se extendió entre los siglos XIV y XVI, concluyendo que en estos se encuentra abundante material a favor del libre mercado. Así, por ejemplo, el sacerdote de la Orden de los Dominicos, Domingo de Soto, diría que la propiedad común inevitablemente "perturba la paz y tranquilidad entre los ciudadanos", mientras el fraile Tomás de Mercado haría una férrea defensa de la propiedad privada y el interés propio diciendo que "no hay quien no pretenda su interés y quien no cuide más de proveer su casa que la república". Como consecuencia, "las haciendas particulares... van adelante y crecen: las de la ciudad y consejo disminuyen: son mal proveídas y peor regidas"[172]. Esta es la crítica más tradicional que realiza el liberalismo clásico a lo estatal como ineficiente y corrupto. Precisamente porque al no haber interés individual y jugar con recursos ajenos, no existen en el ámbito estatal los incentivos para funcionar bien. Francisco de Vitoria, fundador de la célebre escuela de Salamanca, diría incluso que "si los bienes se poseyeran en común serían los hombres malvados e incluso los avaros y ladrones quienes más se beneficiarían", porque "sacarían más y pondrían menos en el granero de la comunidad"[173].

171   Idem.
172   Alex Chafuén, *Las raíces cristianas de la económica de libre mercado*, Fundación para el Progreso e Instituto Res Publica, Santiago, 2013, p. 33.
173   Idem.

En la misma línea, el eclesiástico Pedro Fernández de Navarrete diría que "de los altos impuestos se ha originado la pobreza", haciendo imposible a las personas sustentar su vida y las de sus familias y llevando a abandonarlas[174]. El jesuita Juan de Mariana, por su parte, diría que los funcionarios estatales buscaban mejorar su patrimonio a expensas del resto y, por lo mismo, buscaban extender el poder del rey, es decir, del Estado. Este afán de incrementar el poder del Estado terminaba degenerando en "tiranía", según De Mariana[175]. Estos tiranos, agregaba, "agotan los tesoros de los particulares, imponen todos los días nuevos tributos, siembran la discordia entre los ciudadanos… ponen en juego todos los medios posibles para impedir que los demás puedan sublevarse contra su acerba tiranía"[176]. Es casi como si De Mariana hubiera estado describiendo a los populistas latinoamericanos. Por cierto, su propuesta era liberal: "Debe ante todo procurar el príncipe que eliminados todos los gastos superfluos, sean moderados los tributos"[177]. No es difícil imaginar cómo estaría América Latina si los tributos fueran moderados y los gastos superfluos eliminados. De Mariana advirtió, además, algo que la economía moderna ha confirmado una y otra vez y que en América Latina parece no haberse aprendido: que esos gastos excesivos son el origen de la inflación, que no es más que otra forma de impuesto[178].

En cuanto al mercado y el comercio, el sacerdote Luis de Molina sostuvo que "no parece que deban condenarse los intercambios que los hombres realizan de acuerdo con la estimación común de las cosas en sus respectivas regiones… el precio justo de las cosas depende, principalmente, de la estimación de los hombres de cada región"[179]. Así, otro sacerdote jesuita, defendía la moderna teoría subjetiva del valor y el lucro que se obtenía mediante intercambios voluntarios, rechazando la idea de que había un justo precio que fuera otro que el

---

174   Ibid., p. 34.
175   Ibid., p. 131.
176   Ibid., p. 135.
177   Ibid., p. 161.
178   Ibid., p. 142.
179   Ibid., p. 171.

comúnmente acordado entre las partes. Esto va en contra de las políticas de fijación de precios tan conocidas en América Latina.

Más interesantes aún son las reflexiones de estos católicos en torno a la justicia distributiva, hoy llamada justicia "social". Según Santo Tomás, los bienes privados no podían ser objeto de distribución por razones de justicia, solo los comunes[180]. Según explica Chafuén, los escolásticos seguidores de la tradición aristotélico-tomista "llegaban a la conclusión de que no era función del gobierno determinar salarios, ganancias e intereses"[181]. En otras palabras, muchos escolásticos pensaban que no debía existir un salario mínimo fijado por el gobierno. Chafuén explica que en "toda la teoría del justo precio la esencia es la voluntariedad, el libre consentimiento, excluyendo todo tipo de fraude o engaño. La necesidad del trabajador no determina el salario así como la necesidad del propietario no determina el precio del alquiler o del arrendamiento"[182].

Podemos citar muchísima más evidencia de que la Iglesia católica cuenta con una antigua y rica tradición que veía en el mercado no solo un mecanismo útil para la sociedad, sino también una expresión de la ley natural y la libertad humana. Es más, como ha argumentado el profesor Jesús Huerta de Soto, los escolásticos españoles anticiparon en muchos aspectos a la escuela austriaca de economía, conocida por su posición partidaria del libre mercado[183]. Según Huerta de Soto —y esto habrá de sorprender al papa Francisco—, el más liberal de todos fue el jesuita Juan de Mariana, quien realizó contribuciones en diversas áreas de la ciencia económica. De este modo, a pesar de que la Doctrina Social de la Iglesia suele ser confusa en cuanto al mercado y la propiedad, no hay razones para pensar que ser católico implica ser contrario al libre mercado, como cree el papa Francisco. Como ha concluido el profesor católico Gabriel Zanotti, "la economía de mercado, entendida desde la escuela austriaca, no se contradice con los principios básicos de la Doctrina Social de la Iglesia",

---

180   Ibid., p. 228.
181   Ibid., p. 231.
182   Ibid., p. 245.
183   Ver: Huerta de Soto J. *Nuevos estudios de economía política*, Unión Editorial, 2ª edición, Madrid, 2007.

pues, según Zanotti, es la economía de mercado la que mejor garantiza las condiciones sociales que permiten el pleno desarrollo de la persona humana, que se encuentra a la base del bien común[184]. Y es la economía de mercado la que surge del principio de subsidiariedad del Estado que persiguen muchos católicos y según el cual, explica Zanotti, todo lo que pueden hacer los privados debe quedar fuera del rango de actividades del Estado[185]. Además, dice Zanotti, en tanto la economía de mercado implica un uso económico y eficiente de los recursos, los somete al bien común, pues logra que se asignen donde más se requieren[186]. Lamentablemente, estos principios elementales han sido largamente ignorados dentro de la Iglesia, en especial en América Latina.

La estrategia hegemónica del Foro de São Paulo

No podemos terminar este capítulo sin antes referirnos brevemente al famoso Foro de São Paulo en el que el socialismo del siglo XXI vio su momento gestacional. Auspiciado por el Partido de los Trabajadores de Brasil en 1990, el encuentro reunió 48 partidos políticos y organizaciones de izquierda de 14 países de la región. El objetivo era revivir el comunismo en América Latina con el propósito de proyectarlo tras el fin de la Guerra Fría. Las conclusiones de este encuentro trazaron la hoja de ruta de los movimientos de izquierda latinoamericanos en las décadas siguientes:

> Hemos constatado que todas las organizaciones de la izquierda concebimos que la sociedad justa, libre y soberana y el socialismo solo pueden surgir y sustentarse en la voluntad de los pueblos, entroncados con sus raíces históricas. Manifestamos, por ello, nuestra voluntad común de renovar el pensamiento de izquierda y el socialismo, de reafirmar su carácter emancipador, corregir concepciones erróneas, superar

---

184 Gabriel Zanotti, Liberalismo y catolicismo hoy, *Revista Ucema*, p. 29. Disponible en: https://www.ucema.edu.ar/publicaciones/download/revista_ucema/25/analisis-zanotti.pdf Última visita: 25-10-2015.
185 Ídem.
186 Idem.

toda expresión de burocratismo y toda ausencia de una verdadera democracia social y de masas[187].

Se debía entonces "renovar el pensamiento de izquierda", por un lado, y utilizar la estrategia democrática para conseguir la concentración del poder, por el otro. El Foro no hacía un mínimo compromiso con la democracia liberal, lo que quedaba claro cuando las agrupaciones presentes declaraban reafirmar su "solidaridad con la revolución socialista de Cuba que defiende firmemente su soberanía y sus logros". Más aún, el Foro declaraba un compromiso "con la democracia y la soberanía popular como valores estratégicos", es decir, no había ni hay un compromiso de principios con ellos, sino que se veían como herramientas para la instauración de regímenes autoritarios socialistas. El Foro continuó realizándose año tras año, sumando cada vez más participantes y repitiendo siempre las mismas conclusiones: que todo el mal de América Latina se debía al "neoliberalismo" y al imperialismo estadounidense, que el socialismo debía retornar por la vía democrática y que había que repensarlo para volver a convertirlo en la fuerza hegemónica.

Lo alarmante de la historia del Foro de São Paulo es el éxito que ha tenido en el propósito que se dio en 1990, cuando el socialismo parecía completamente sepultado. Nadie expondría esto de manera más clara que el vicepresidente de Bolivia Álvaro García Linera en la reunión que el Foro realizaría en 2014. En esa oportunidad, García Linera, uno de los cerebros tras al resurgimiento del socialismo en la región, haría reflexiones que es preciso reproducir para entender la esencia del problema aquí tratado. Según él, "cuando dio a luz el Foro de São Paulo, el mundo que vivíamos era otro, se había derrumbado frente a nuestros ojos la Unión Soviética" y Reagan y Thatcher triunfaban, "por los medios de comunicación, por las universidades, aun por los medios sindicales", todas instancias donde se difundía "una ideología planetaria" llamada "neoliberalismo" que "comenzaba a cabalgar por el continente y por el mundo de manera

---

187 Texto disponible en: http://forodesaopaulo.org/wp-content/uploads/2014/07/01-Declaracion-de-Sao-Paulo-19901.pdf Última visita: 25-10-2015.

aparentemente triunfal"[188]. La situación, según la autoridad boliviana, es muy distinta hoy, donde gracias al Foro de São Paulo y las luchas que promovió por 24 años, "en América Latina ha surgido de manera genérica un modelo posneoliberal" que ha hecho que "hablar de neoliberalismo en América Latina cada vez se asemeja a hablar... de un parque jurásico". Linera concluyó que si bien "hace 15 años el neoliberalismo era la biblia, hoy el neoliberalismo es un arcaísmo que estamos botando al basurero de la historia, de donde nunca debía haber salido"[189].

No se puede dudar de que, más allá del exagerado triunfalismo de García Linera, tiene razón cuando dice que el socialismo ha vuelto a convertirse en moda en América Latina y que en ese sentido la hoja de ruta que trazó el Foro de São Paulo, tan pronto cayó la Unión Soviética, resultó un éxito. Más interesante resultan sus reflexiones cuando explica el éxito que han tenido. Según el vicepresidente, "la democracia como método revolucionario" era la primera lección que debía extraerse del triunfo del socialismo del siglo XXI: "lo que América Latina había mostrado en estos 15 años, en estos últimos 10 años... es que la democracia se está convirtiendo y es posible convertirla en el medio y en el espacio cultural de la mismísima revolución", dijo. García Linera describe entonces el proceso de triunfo del socialismo del siglo XXI como uno que se produce esencialmente en el espacio de la cultura y la hegemonía cultural e intelectual en el sentido de Gramsci, a quien hemos comentado en páginas anteriores. Nuevamente se confirma aquí que la clave en la disputa para vencer el populismo y socialismo es el mundo de las ideas, de la cultura y de las consciencias de las personas. García Linera insistió: "No me equivoco al decir que las victorias de la izquierda latinoamericana son fruto de procesos de movilización en el ámbito cultural e ideológico, pero también en el ámbito social y organizativo". La calle y los movimientos sociales han sido parte importante en el avance socialista, dice García Linera. Pero el fundamento ideológico es lo esencial:

---

188 Discurso disponible en: http://forodesaopaulo.org/discurso-de-alvaro-garcia-al-xx-encuentro-del-foro-de-sao-paulo/ Última visita: 25-10-2015.
189 Idem.

Un componente histórico conquistado en estos 14 años, es la construcción dificultosa pero ascendente de un nuevo cuerpo de ideas, de un nuevo sentido común movilizador, no olvidemos compañeros que la política es fundamentalmente la lucha por la dirección de las ideas dirigentes, de las ideas movilizadoras de una sociedad y el Estado y todo revolucionario lucha por el poder del Estado, es mitad materia y mitad idea. Todo Estado, el conservador y el revolucionario, el que está establecido y el que está en transición, es materia, es institución, es organización, es correlación de las fuerzas pero también es idea, es sentido común, es fuerza movilizadora en el ámbito de la ideología.

Lo que nos ha interesado destacar en este capítulo, más que los factores materiales que facilitan el populismo, son los factores intelectuales y culturales que lo hacen posible, específicamente, el rol que juega la hegemonía intelectual e ideológica en el avance de propuestas socialistas. No cabe duda de que García Linera, Iglesias, Harnecker, Monedero y tantos otros teóricos de izquierda que hemos comentado, tienen razón al poner el acento en las estrategias de hegemonía cultural gramscianas. Lo mismo deben hacer aquellos que quieren ver a América Latina libre de las miserias que engendran el populismo y socialismo, pues a pesar de las señales esperanzadoras que han surgido, sin una filosofía y un sentido común movilizador alternativo no será posible derrotar al populismo y las diversas corrientes hostiles a la democracia liberal. Ahora bien, esa filosofía o cuerpo de ideas alternativa debiera ser, creemos, un republicanismo liberal del siglo XXI que plantee una hoja de ruta totalmente opuesta a la ideología colectivista y autoritaria del populismo socialista.

CAPÍTULO III
CÓMO RESCATAR NUESTRAS REPÚBLICAS

*Otro fue el destino y la condición de la sociedad que puebla la
América del Norte. Esa sociedad, radicalmente diferente de la nuestra,
debió al origen transatlántico de sus habitantes sajones la dirección
y complexión de su régimen político de gobierno, en que la libertad
de la Patria tuvo por límite la libertad sagrada del individuo... Los
hombres fueron libres porque el Estado, el poder de su Gobierno no
fue omnipotente, y el Estado tuvo un poder limitado por la esfera de
la libertad o el poder de sus miembros a causa de que su Gobierno no
tuvo por modelo el de las sociedades griega y romana.*

JUAN BAUTISTA ALBERDI

La superación del populismo que ha arruinado nuestros países requiere de un diagnóstico claro en torno a la naturaleza del problema,
sus nutrientes y las razones de su éxito y persistencia. A ello fueron
dedicados los dos primeros capítulos. Corresponde ahora explicar
con claridad cuál es el contenido de la propuesta alternativa, pues sin
un norte filosófico y programático definido es imposible establecer
un curso de acción propositivo. Una cosa es criticar el populismo y la
otra plantear un camino diferente. Creemos que los fundamentos de
ese camino diferente podemos encontrarlo en América, y una versión

de la fórmula filosófica que le permitió a Estados Unidos llegar a ser el país más próspero y libre del planeta. Se trata de ideas universalmente válidas y que diversas naciones han seguido con excelentes resultados. Al mismo tiempo, debemos tener clara una estrategia que permita avanzar esa fórmula ganadora desplazando al populismo y al socialismo que nos han caracterizado. La estrategia debe pasar por la construcción de un nuevo sentido común cercano al republicanismo liberal. Esa estrategia requiere a su vez de una táctica que tome en consideración realidades propias de la naturaleza humana como nuestra emotividad y la posibilidad de educarnos. Finalmente, se requiere de instrumentos modernos para lograr una construcción efectiva y sostenible del nuevo sentido común republicano.

La alternativa: el republicanismo liberal

Una de las desviaciones de la mentalidad populista que ha caracterizado a América Latina es el antiamericanismo. Aunque este ha disminuido sustancialmente en algunos países de la región, en aquellos donde campea el populismo ha sido siempre parte de la retórica oficial. En México este *antiyanquismo* históricamente se encontró tan arraigado que hasta hoy existe un dicho popular que versa "pobre de México, tan lejos de Dios y tan cerca de Estados Unidos". Pero lo cierto es que el contar con un vecino como Estados Unidos ha sido sumamente positivo para los mexicanos desde el punto de vista económico, social y cultural. Y no hay razones para que rechacen las instituciones "gringas", aunque evidentemente se pueden criticar muchas políticas del gobierno americano, partiendo por la inútil guerra contra las drogas que ha llevado adelante.

En países como Venezuela, la Argentina de los Kirchner, Bolivia, Ecuador, Nicaragua y otros, el antiyanquismo ha sido la estratagema perfecta de los líderes populistas para justificar la incompetencia y la devastación institucional y para distraer la atención de la corrupción. Para ellos, todo se debe a conspiraciones de los *malvados yanquis*, de la CIA y de sus lacayos, es decir, de opositores y disidentes supuestamente al servicio del enemigo. Pero lo cierto es, como observó Alberdi, que Estados Unidos debe su incontestable éxito a su cultura y tradición liberal. Y América Latina es lo que es —un fracaso también incontestable— debido a la cultura estatista, socialista, asistencialista y populista y a las *instituciones extractivas*, para usar el término de Acemoglu y Robinson, que las han caracterizado[1]. Mientras, según ambos académicos, las instituciones *inclusivas* que prevalecen en Estados Unidos "fomentan la actividad económica, el crecimiento de la productividad y la prosperidad económica" mediante la protección de derechos de propiedad, servicios públicos confiables, libertad contractual y el mantenimiento del orden, las *instituciones extractivas* que prevalecen en América Latina hacen todo lo contrario: crean privilegios especiales a élites que se enriquecen a expensas de otros, destruyen los incentivos para la creación de riqueza, no respetan los derechos de propiedad ni garantizan igualdad ante la ley, ni acceso a los mercados o a servicios públicos decentes[2]. Esta diferencia entre América Latina y Estados Unidos tiene ciertamente orígenes históricos. En su clásico estudio comparando las colonizaciones de Inglaterra y de España en América, el profesor de Oxford J. H. Elliott, sostuvo que el descubrimiento de grandes riquezas minerales y de una extendida población indígena en Hispanoamérica facilitó el surgimiento de élites que acumulaban riqueza simplemente utilizando nativos para extraerla. En cambio, según Elliott, "la falta de plata y trabajo indígena en las primeras colonias británicas forzó sobre los colonos una lógica desarrollista en lugar de una esencialmente explotadora. Esta, a su vez, dio peso adicional a las cualidades de autosuficiencia, trabajo duro y emprendimiento que iban asumiendo un rol cada vez más prominente en el imaginario nacional y la retórica de la Inglaterra del siglo XVII"[3].

De este modo, la cultura anglosajona, que confiaba en el individuo y en el *rule of law*, dio origen a auténticas repúblicas basadas en la libertad y la ley, mientras la tradición francesa que llegó a Latinoamérica dio paso a todo lo contrario: al caudillismo revolucionario y refundacional. Como Alberdi, Carlos Rangel llamó la

---

1 Ver: Daron Acemoglu y James Robinson, *Why Nations Fail*, Profile Books, London, 2013.

2 Ibid., pp. 73-74.

3 J. H. Elliott, *Empires of the Atlantic World*, Yale University Press, New Haven and London, 2007, p. 27.

atención sobre el hecho de que los norteamericanos habían mantenido un espíritu libertario y que, a diferencia de los latinoamericanos,
jamás se dejaron llevar por la fiebre revolucionaria de los jacobinos
franceses. Según Rangel, para los norteamericanos, el inglés John
Locke, padre del liberalismo moderno, era una lectura tan folclóri-
ca como Marx y Lenin, dos aprendices de la revolución jacobina,
para el tercer mundo[4]. En la misma línea el premio nobel de economía y filósofo Friedrich Hayek, entrevistado en 1981 por el diario
El Mercurio de Chile sobre por qué en América Latina, a diferencia
de Estados Unidos, era tan difícil lograr gobiernos que produjeran
prosperidad, contestó:

> La diferencia radica en su tradición. Los Estados Unidos tomaron su
> tradición de Inglaterra. En los siglos XVIII y XIX sobre todo, se trataba
> de una tradición de libertad. Por otro lado, la tradición en América del
> Sur, por ejemplo, se basa fundamentalmente en la Revolución Francesa.
> Esta tradición no se encuentra en la línea clásica de la libertad, sino en
> el poder máximo del gobierno. Creo que América del Sur ha sido exce-
> sivamente influenciada por un tipo totalitario de ideologías… Así que la
> respuesta es que los Estados Unidos se mantuvo fiel a la vieja tradición
> inglesa, incluso cuando Inglaterra la abandonó en parte. En América
> del Sur, por otro lado, las personas trataron de imitar a la tradición de-
> mocrática francesa, la de la Revolución Francesa, lo que significaba dar
> poder máximo al gobierno[5].

Como muestran los casos de Chile y Argentina que vimos en el
capítulo anterior, los países latinoamericanos también pueden prospe-
rar cuando abrazan ideales republicanos liberales, más cercanos a la
tradición anglosajona que a los ideales constructivistas y refundacionales franceses. Incluso Francia avanzó mucho más cuando se acercó
a los ideales de libertad individual anglosajones en materia económica. En efecto, después de la Segunda Guerra Mundial, el principal obstáculo de la economía francesa para salir adelante eran las
políticas estatistas existentes que impedían la recuperación del país.

---

4 Rangel, p. 50.
5 Entrevista a F. A. Hayek, *El Mercurio*, 12 de abril de 1981. Disponible en:
http://www.economicthought.net/blog/wp-content/uploads/2011/12/LibertyClean
OfImpuritiesInterviewWithFVonHayekChile1981.pdf Último acceso: 05-01-2016.

En 1958, en el apogeo de la crisis económica, el presidente Charles de Gaulle convocó a un consejo de expertos liderado por el economista liberal Jaqcues Rueff. Enfrentado a una inflación desbordada, altos déficit fiscales, fuga de capitales, proteccionismo, pérdida de competitividad y escasez de divisas —males y escenario conocidos en Latinoamérica—, Rueff, un seguidor de la línea de Adam Smith y miembro de la Sociedad Mont Pelerin, propuso reformas liberales radicales que incluyeron la apertura al comercio internacional, una reducción drástica del gasto público, una reforma monetaria que restauró el patrón oro y devaluó el franco y la reducción de subsidios, entre otras. Como resultado de las políticas liberales, la economía francesa durante los años sesenta creció más que ninguna de Europa occidental[6].

Aunque ya analizamos ambas tradiciones en el capítulo anterior, bien vale dejar claro que la diferencia fundamental entre la tradición de la Revolución francesa y la inglesa es que los franceses y sus filósofos racionalistas creían que era posible construir un orden completamente nuevo desde arriba, destruyendo las instituciones que habían evolucionado por siglos. Los encargados de realizar esa transformación —pensaban los jacobinos franceses— eran expertos o iluminados que conocían mejor que otros las leyes de la sociedad y podían, de acuerdo con ese conocimiento, diseñar su plan social maestro. Así como un ingeniero construye un puente basado en sus cálculos matemáticos, un ingeniero social diseña una institución sobre la base de sus cálculos. El primero en extrapolar estas ideas científicas al campo de las ciencias sociales fue el famoso matemático y filósofo francés René Descartes, padre del racionalismo moderno. En la segunda parte de su *Discurso del método*, Descartes expresa esta visión asegurando que el progreso social y la civilización pueden alcanzarse de la mejor manera a través de la planificación racional. Para Descartes, la sabiduría de algunos hombres planificadores basta para crear instituciones y leyes más perfectas sin la necesidad de avanzar mediante un proceso gradual de ensayo y error:

---

6 Frances M.B. Lynch, *France and the International Economy: From Vichy to the Treaty of Rome*, Taylor & Francis e-Library, 2006, pp.110-111.

Me parece que aquellas naciones que, partiendo de un estado se-mi-barbárico, han avanzado hacia la civilización gradualmente y han te-nido sus leyes sucesivamente determinadas por la experiencia del daño causado por crímenes y disputas particulares, han tenido instituciones menos perfectas que aquellos que, desde el principio de su configura-ción como comunidades, han seguido las determinaciones de un legis-lador sabio[7].

La consecuencia de esta visión, según la cual la sociedad es un engranaje que debe ser ajustado por expertos, es que el gobierno —es decir, el Estado— debe tener el máximo poder posible para llevar a cabo el plan que permite el progreso. En otras palabras, no se confía en que los individuos y sus familias son los verdaderos agentes del progreso, sino que una autoridad política debidamente iluminada puede refundar y dirigir el orden social a su voluntad. La libertad es reemplazada así por la discrecionalidad y el poder ilimitado del gobernante, que justifica su inmenso dominio con el argumento de que el Estado debe hacerse cargo de todo, pues solo la autoridad sabe cómo mejorar la sociedad y la vida de las personas. Pero además la voluntad del líder es siempre, por definición, la del "pueblo". Esta fue la idea de Rousseau con su famoso "contrato so-cial" que analizamos en el primer capítulo. Como hemos dicho, no es raro que los populistas como Pablo Iglesias y los fundadores del socialismo del siglo XXI se declaren herederos de Rousseau y de la Revolución francesa. A fin de cuentas, se trata de la tradición totali-taria precursora del socialismo y del fascismo, así como les provee el sustento teórico de sus pretensiones de control opresivo y de sus utopías refundacionales.

La filosofía anglosajona postulaba todo lo contrario. Los estadou-nidenses, a diferencia de los franceses, no hicieron una revolución en el sentido estricto del término. Su lucha por la independencia, que declararon en 1776, era una lucha por preservar las institucio-nes ancestrales que habían tenido y que limitaban el poder de la Corona británica para cobrarles impuestos y restringir sus libertades

---

7 René Descartes, *The Method, Meditations and Philosophy of Descartes*, M. Walter Dunne, Washington 1901, p. 119.

económicas. Una serie de normas que agredieron la libertad económica de los colonos americanos desencadenaron la reacción. Ya en 1651 el Imperio aprobó la *Navigation Act*, que establecía que solo buques británicos podían comerciar en colonias británicas, desplazando a la competencia holandesa, que era mucho más barata. En 1733 se aprobó la *Molasses Act*, que obligaba a los americanos a importar la melaza, esencial para la producción de ron, desde las colonias británicas en la India, siendo mucho más barata la melaza producida en las colonias españolas y francesas. Luego, en 1764, se aprobó la *Sugar Act*, que incrementó la fiscalización para evitar el contrabando. A esta ley le siguió la *Stamp Act*, que aplicaba impuestos a todos los documentos oficiales y de papel. Posteriormente se aplicaron nuevos impuestos a los alcoholes, frutas, vidrio y otros productos.

El Imperio británico continuó en el camino de restringir las libertades económicas de los norteamericanos hasta que con la famosa *Tea Act* se marcó un hito determinante. Esta prohibía la importación de té a los locales entregándole el monopolio a la Compañía de las Indias Orientales, una empresa privada amparada por el Estado inglés. Fue en ese momento cuando se desencadenó una rebelión abierta en que un centenar de colonos disfrazados de indígenas botaron al mar cargamentos de té de buques británicos anclados en el puerto de Boston. De ahí en adelante la situación fue escalando hasta que se produjo la guerra por la independencia de una monarquía que consideraban tiránica y a la que reclamaban que no podía cobrarles impuestos si no aceptaba representación americana en su parlamento. Los norteamericanos exigían así el derecho a perseguir su felicidad sin que se entrometiera ningún gobierno. Pero, sobre todo, demandaban el respeto por el derecho de propiedad, que para ellos era sagrado.

Mientras Rousseau no veía ninguna necesidad en limitar el poder del Estado, los colonos norteamericanos precisamente se rebelaban contra el gobierno. Buscaban limitar su poder lo más posible para garantizar así la libertad individual y la propiedad de los ciudadanos. En otras palabras, mientras la Revolución francesa buscó incrementar el poder del Estado en perjuicio de la libertad individual, la americana buscó limitar el poder de los gobernantes para garantizar la libertad de los ciudadanos. Por eso el filósofo y parlamentario británico

Edmund Burke, que vivió en la época de ambas revoluciones, condenó enérgicamente la Revolución francesa como un intento desquiciado por construir un paraíso sobre la tierra, mientras que defendió la americana por ser una lucha de conformidad con "las ideas inglesas y principios ingleses de libertad"[8]. En sus famosas reflexiones sobre la revolución en Francia, Burke denunciaría el espíritu refundacional jacobino alertando que conduciría a un desastre:

> La ciencia del gobierno siendo una cuestión práctica... requiere experiencia, e incluso más experiencia que cualquier persona puede ganar en toda su vida... es con infinita precaución que cualquier hombre debería aventurarse a derribar un edificio que ha respondido en algún grado tolerable por siglos a los propósitos comunes de la sociedad, o en la construcción de uno nuevo sin tener modelos y patrones de utilidad probados ante sus ojos[9].

Como es evidente, la fantasía refundacional de la Revolución francesa caló hondo en América Latina y, hasta el día de hoy, sigue nutriendo proyectos populistas devastadores para nuestras libertades y bienestar. El asambleísmo constituyente es una manifestación típica de ese espíritu constructivista refundacional. También caló hondo la idea de que el gobierno es el responsable de nuestras vidas. Mientras Thomas Jefferson, en la declaración de independencia de Estados Unidos escribió que el gobierno debía garantizar el derecho a la vida, la libertad y a perseguir la felicidad, los franceses creían —y en América Latina y partes de Europa continental aún se cree— que el gobierno debe garantizarnos el derecho efectivo a ser felices. La diferencia es crucial, como señaló Alberdi, porque no es lo mismo decir que el gobierno debe hacernos felices a decir que es nuestra responsabilidad ser felices y el gobierno solo protegerá nuestra libertad de intentar ser felices a nuestro propio modo. En el siglo XIX el

---

8   Edmund Burke, *Select Works of Edmund Burke*. Vol. 1. A New Imprint of the Payne Edition. Foreword and Biographical Note by Francis Canavan Liberty Fund, Indianapolis, 1999, p. 142. Disponible en: http://oll.libertyfund.org/titles/796 Última visita: 26-11-2015.

9   Edmund Burke, "Reflections on the Revolution in France", in *Select Works of Edmund Burke*, Vol. II, Liberty Fund, Indianápolis, 1999, p. 99. Disponible en: http://oll.libertyfund.org/title/656 Última visita: 24-11-2015.

gran economista francés Frédéric Bastiat advertiría ya esta diferencia sustancial entre franceses y americanos, y sus consecuencias. Según él, los franceses habían puesto "la quimera" del Estado en su constitución elevándolo a una especie de dios que llevaría al pueblo a un mayor bienestar y perfección moral. Bastiat explicó que otra era la realidad de los norteamericanos, quienes no esperaban nada que no fuera "de ellos mismos y su propia energía", mientras los franceses habían caído en una "sutileza metafísica" y una "personificación del Estado" que sería siempre "una fuente fecunda de calamidades y de revoluciones"[10].

El filósofo germano-americano Francis Lieber describiría el contraste entre la tradición francesa y la americana en términos aún más profundos. Según Lieber, los franceses buscaban la libertad en el gobierno, mientras que los americanos la buscaban en el individuo:

> La libertad francesa (*gallican*) es buscada en el gobierno donde de acuerdo a un punto de vista anglosajón (*anglican*) no puede ser encontrada. Una consecuencia necesaria de la libertad francesa es que los franceses buscan el máximo grado de civilización política en la organización, es decir, en el máximo grado de interferencia del poder estatal… De acuerdo a la visión anglosajona, esta interferencia será siempre absolutismo o aristocracia[11].

Lieber advirtió que "el reconocimiento universal de la organización hace que los franceses busquen toda mejora en el gobierno; la confianza individual no existe en detalle". Mientras tanto, los anglosajones consideraban la interferencia pública como "insidiosa"[12] y el gobierno "no es considerado el educador, ni el líder ni el organizador de la sociedad"[13]. En esta misma línea, el notable pensador francés Alexis de Tocqueville en su viaje a Estados Unidos observó que el contraste entre la sociedad americana y la francesa no podía

---

10 Frédéric Bastiat, El Estado, disponible en: http://www.hacer.org/pdf/ElEstado.pdf Última visita: 25-11-2015.

11 Francis Lieber, "Anglican and Gallican Liberty" in *New Individualist Review*, Indianapolis: Liberty Fund, 1981, p. 783. Disponible en: http://oll.libertyfund.org/title/2136/195437 Última visita: 25-10-2015.

12 Ibid., p. 781.

13 Idem.

ser mayor cuando se trataba del rol del Estado. Según Tocqueville, a diferencia del francés, el americano

> aprende desde su nacimiento que es preciso apoyarse en sí mismo para luchar contra los males y las dificultades de la vida. Sólo echa una mirada desafiante e inquieta sobre la autoridad social y únicamente acepta su poder cuando no puede prescindir de él. Ello comienza a percibirse desde la escuela, donde los niños se someten, hasta en sus juegos, a reglas que ellos mismos han establecido y castigan entre sí los delitos cometidos por ellos mismos. En todos los actos de la vida social se descubre el mismo ánimo[14].

Cuando Thomas Jefferson, el tercer presidente de Estados Unidos, sostuvo que "el gobierno es mejor cuanto menos gobierna", estaba recogiendo la esencia de ese espíritu individualista del cual depende la fortaleza de la sociedad civil americana. Este último punto es esencial. Aunque a muchos parezca sorprenderles, Estados Unidos es la sociedad más solidaria del mundo según el World Giving Index[15] y siempre fue un ejemplo de solidaridad precisamente porque el gobierno, al haber sido tan limitado, dejaba el espacio a la sociedad civil para hacerse cargo de resolver los problemas sociales. El mismo Tocqueville observó en su viaje a ese país que Estados Unidos era "el país del mundo en que se ha sacado más partido a la asociación... En Estados Unidos se asocian con fines de seguridad pública, de comercio, y de industria, de placer, de moral y religión. No hay nada que la voluntad humana no tenga esperanza de conseguir por la acción libre del poder colectivo de los individuos"[16]. Según Tocqueville, a pesar de que "la pasión por el bienestar material" era general en la sociedad americana[17], "las instituciones libres que poseen los habitantes de Estados Unidos... encaminan su ánimo hacia la idea de que el deber y el interés de los hombres está en hacerse útiles a sus semejantes. Y como no ven ningún motivo para odiarlos, puesto que no son nunca

---

14 Alexis de Tocqueville, *La democracia en América*, Editorial Trotta, Madrid, 2000, p. 366.

15 World Giving Index 2014, disponible en: https://www.cafonline.org/pdf/ CAF_WGI2014_Report_1555AWEBFinal.pdf Última visita: 25-10-2015.

16 Tocqueville, p. 367.

17 Ibid., p. 886.

ni sus esclavos ni sus dueños, su corazón se inclina fácilmente hacia la benevolencia"[18]. Así, "a fuerza de trabajar por el bien de sus conciudadanos, finalmente adquieren el hábito y afición de servirlos"[19].

La típica diatriba según la cual los estadounidenses son una cultura egoísta e individualista es entonces una falsedad. Precisamente porque es individualista es que las personas se hacen responsables por sus semejantes, mientras en otras partes del mundo creemos ser solidarios porque exigimos al gobierno resolver los problemas de quienes más necesitan y solemos desligarnos de nuestra responsabilidad de atención al prójimo. Los estadounidenses prueban que libertad individual y responsabilidad van de la mano y son la fórmula para una sociedad solidaria y exitosa económicamente. También que el espíritu refundacional, tan típico en América Latina, conduce a la tiranía y la inestabilidad. Ellos mismos han tenido una sola constitución en toda su vida independiente, que se ha ido corrigiendo, pero que continúa siendo esencialmente la misma que se aprobara en 1787. Esto es de un grado de sensatez, responsabilidad y madurez muy escaso en nuestros países y entre nuestros políticos e intelectuales, muy dados a soñar con pasar a la historia como héroes y precursores revolucionarios.

Asimismo, como los estadounidenses en general no creen en fórmulas mágicas que vienen desde el poder y son escépticos de sus líderes, buscan limitar las esferas de interferencia estatal y ser responsables de su propia existencia. Y si, como ha notado el profesor de Harvard Niall Ferguson, hay un proceso de degeneración que también se observa en el país del norte, es precisamente porque en parte esos ideales que los hicieron grandes se han ido reemplazando por ideales estatistas en que el gobierno asume un rol cada vez más protagónico en la vida de los ciudadanos. El resultado es que las libertades en general, y especialmente las económicas, se ven cada vez más asfixiadas por un Estado gigantesco que incuba corrupción[20].

---

18   Ibid., p. 857.
19   Idem.
20   Niall Ferguson, *The Great Degeneration*. Penguin, Londres, 2012.

Lo que América Latina y buena parte del mundo debe aprender del Estados Unidos de los padres fundadores es su confianza en la libertad de las personas, su escepticismo frente al poder del Estado y el rechazo a las aventuras utópicas refundacionales. Contra el prejuicio dominante en nuestras sociedades, y contra la infundada creencia de que esto es "ajeno a nuestras cultura e identidad", hay que considerar que estas son ideas válidas en todo tiempo y lugar. Deben formar necesariamente parte del acervo cultural, intelectual y político de un ideal de república sano capaz de plantearse como alternativa auténtica al populismo, que tanto daño ha hecho a nuestros países. La pregunta es, por supuesto, cómo conseguir ese objetivo. A ello se destinarán las siguientes páginas.

La estrategia: la construcción de un nuevo sentido común

Para lograr romper el engaño populista del que nuestros países son víctimas, necesariamente debemos trabajar en la construcción de un sentido común opuesto al que ha prevalecido. En otras palabras, debemos lograr que ideas y conceptos que hoy no parecen ser populares lleguen a ser populares. Derrotar —o al menos contener al populismo— pasa entonces fundamentalmente por una revolución ideológica y valórica. El escepticismo frente al poder del Estado, el hacernos responsables de nuestras propias vidas, el jugar limpio y respetar los proyectos de vida y la propiedad ajena, son esencialmente valores anclados en ideas y formas de ver el mundo.

En el capítulo anterior vimos la relevancia de las ideas, del lenguaje y de los intelectuales en el curso de la evolución social. Es imposible plantear la respuesta al problema del populismo sin volver a tocar estos puntos teniendo un diagnóstico muy claro sobre lo que hace fracasar a nuestros países. El premio nobel de economía Douglass North ha explicado que lo que define el éxito de las naciones son sus instituciones formales e informales. Las formales son aquellas creadas por el hombre como la constitución, las leyes y otras, mientras las informales son las creencias, tradiciones, hábitos y valores que imperan en una sociedad. De estos dos tipos de instituciones, North explicó que las informales son más importantes porque al final reflejan la realidad estructural de una determinada sociedad. North dice que se pueden copiar todas las leyes de un país desarrollado en uno subdesarrollado y eso no va a mejorar necesariamente al país pobre. La razón es que la cultura puede ser completamente contraria y adversa a las instituciones importadas. Por ejemplo, los americanos han fracasado totalmente en construir una democracia en Afganistán porque su cultura y tradición histórica tribal hacen imposible que en ese país funcione, al menos por ahora, una democracia occidental. Del mismo modo, en países en que la creencia predominante es que el Estado debe hacerse cargo de todo es muy difícil que se sostengan instituciones libertarias y republicanas, pues la gente no las apoyará o no jugará de acuerdo con las reglas informales que aquellas requieren: honestidad en los intercambios, cumplimiento de los contratos, respeto del derecho de propiedad, etc. North explica que las instituciones reducen la incertidumbre en el mundo en que funcionamos haciendo posible la existencia del mercado y de la vida en comunidad[21]. Si no sabemos qué es lo nuestro ni si vamos a ser víctimas de estafa, robo o ataques, no podremos desarrollar ninguna actividad productiva ni convivir pacíficamente. El orden social colapsará. Ahora bien, es aquí donde las ideologías juegan un rol decisivo. Según North, "las ideas, ideologías, prejuicios, mitos y dogmas tienen importancia, ya que juegan un papel clave en la toma de decisiones"[22]. Y agrega:

> Para hacer comprensibles situaciones inciertas los humanos desarrollarán explicaciones. La omnipresencia de los mitos, tabúes y particularmente de las religiones a lo largo de la historia (y también de la prehistoria) sugiere que los seres humanos siempre han sentido la necesidad de explicar lo inexplicable y de hecho es probable que sea un rasgo evolutivamente superior el tener una explicación al no tener ninguna explicación[23].

---

21 Douglass North, *The Role of Institutions in Economic Development*, Unece Discussion Papers Series, No. 2003.2, October, 2003, p. 1. Disponible en. http://www.unece.org/fileadmin/DAM/oes/disc_papers/ECE_DP_2003-2.pdf Última visita: 25-10-2015.

22 North, "Qué queremos decir cuando hablamos de racionalidad?", p. 3.

23 Douglass North, *Economics and Cognitive Science*, Washington University, St Louis, p. 4. Disponible en: http://www2.econ.iastate.edu/tesfatsi/north.econcognition.pdf Última visita: 25-10-2015.

Ideologías como el comunismo, explica North, son "sistemas de creencias organizadas que con frecuencia tienen sus orígenes en religiones que hacen exigencias prescriptivas al comportamiento humano. Estas incorporan, tanto puntos de vista sobre cómo funciona el mundo y sobre la forma en que debería funcionar. Como tales, estas proporcionan una guía para tomar decisiones"[24]. Siguiendo esta línea argumental, North explica que las ideologías son un aspecto clave para entender el mal desempeño económico de los países del tercer mundo, donde estas, por lo general, conducen a políticas e instituciones que no alientan las actividades productivas[25]. Esto porque, según explica el mismo North, en democracia las personas tienden a votar por razones ideológicas más que racionales, poniendo presión para que las instituciones formales cambien hacia modelos que destruyen incentivos para salir adelante[26].

El connotado científico político de la Universidad de Yale, Robert Dahl, argumentó en el mismo sentido que "creencias individuales influyen en las acciones colectivas y por lo tanto la estructura y funcionamiento de las instituciones y sistemas"[27]. Este punto será analizado con mayor profundidad en la sección siguiente. Por lo pronto debemos establecer que el desafío consiste en cambiar las ideas en la sociedad de manera tal que el sentido común, las creencias y valores predominantes sean aquellas que favorecen la libertad y prosperidad. Sin ese trabajo riguroso, sistemático, profundo de corto, mediano y largo plazo, es imposible contener el avance socialista o populista. Como vimos en el capítulo anterior, Gramsci y los teóricos socialistas siempre han tenido clara la relevancia de la batalla por las ideas y la cultura para construir hegemonía o sentidos comunes que los favorezcan.

---

24 Idem.
25 Douglass North, *Institutions, Institutional Change and Economic Performance*, Cambridge University Press, 1990, pp. 110-111.
26 Douglass North, *Economic Performance through Time*, Lecture to the memory of Alfred Nobel, December 9, 1993. Disponible en: http://www.nobelprize.org/nobel_prizes/economics/laureates/1993/north-lecture.html Última visita: 25-10-2015.
27 Robert Dahl, *Polyarchy*, Yale University Press, New Haven, 1971, p. 125.

En el caso de los partidarios de una sociedad libre la tarea no es diferente. No sirve de mucho ganar elecciones si no se logra un cambio de fondo en la mentalidad y cultura de un país porque, como hemos visto en América Latina mil veces, luego regresan los populistas de siempre y destruyen lo avanzado. La batalla por la cultura y —como diría Gramsci— por la consciencia de las personas es la clave de cualquier proyecto que pretenda ofrecer esperanza. La filosofía libertaria y republicana que ha permitido a Occidente salir adelante, incubada especialmente en el mundo anglosajón, es una que, salvando los matices que pueda presentar en las diversas culturas, en términos generales debe pasar a formar parte del sentido común.

Existen diversos casos de éxito y vale la pena repasar algunos para entender parte de la estrategia. El más emblemático es el de Inglaterra. A mediados de los años cuarenta, un adinerado empresario llamado Anthony Fisher leyó en el *Readers Digest* una versión sintetizada del libro *Camino de servidumbre* del entonces profesor de la London School of Economics Friedrich von Hayek. En la obra, que se convertiría en un *best seller* mundial, Hayek advertía sobre los riesgos del avance de la economía planificada en Inglaterra y advertía que las pérdidas de las libertades económicas que proponía el socialismo llevarían necesariamente a la destrucción de todas las demás libertades. Impactado por el mensaje del libro, Fisher, quien había sido piloto de combate de la Royal Air Force durante la guerra, decidió contactar al profesor Hayek en Londres. Fisher le comentó que había quedado muy preocupado por lo que decía su libro, contándole además que estaba pensando en dedicarse a la política para hacer algo al respecto y evitar el avance del socialismo en su país. Contra lo que esperaba, Hayek le dijo que no perdiera su tiempo porque los políticos no eran líderes sino seguidores de las ideas que estaban de moda. Si quería cambiar las cosas —le sugirió Hayek—, debía financiar a los intelectuales para que sus ideas se hicieran populares. Una vez que eso haya ocurrido —continuó el profesor austriaco— los políticos las van a seguir. Fisher recordaría el momento en estas palabras:

> Fue para mí una reunión decisiva. Hayek me advirtió sobre la pérdida de tiempo —como yo estaba entonces tentado— que implicaba adoptar una carrera política. Explicó que la influencia decisiva en la

gran batalla de las ideas y en las políticas públicas y económicas era ejercida por los intelectuales... Si yo compartía la opinión de que las mejores ideas no estaban recibiendo una oportunidad justa, su consejo fue que debía unirme con otros en la formación de una organización de investigación académica para proveer a los intelectuales de las universidades, de las escuelas, del periodismo y de la radiodifusión de estudios autorizados de la teoría económica de los mercados y su aplicación a los asuntos prácticos[28].

Fue así como Fisher resolvió fundar el Institute of Economic Affairs (IEA) *think tank*, aún muy vigente y activo, de alto nivel académico, que desde las ideas y mediante trabajos de investigación se dedicó a influir en el clima de opinión intelectual de Inglaterra, entonces dominado por corrientes socialistas y colectivistas. El IEA desarrolló una política sistemática de acercarse a periodistas para explicar sus ideas e investigaciones, participando activamente en el debate público. La influencia que tuvo fue tan gigantesca que Margaret Thatcher debió su elección como primera ministra, en buena medida, a la labor del instituto fundado por Fisher y cuyo trabajo había conseguido cambiar las ideas dominantes en la sociedad e intelectualidad británica. La misma Thatcher diría sobre el IEA que "ellos eran unos pocos, pero tenían la razón. Ellos salvaron a Inglaterra"[29].

Pero Fisher no solo fundó el IEA en Inglaterra, sino que muchos otros *think tanks* en el mundo que continúan siendo extremadamente influyentes y en torno a los cuales han circulado decenas de premios Nobel. No es una exageración decir que, a pesar de ser relativamente desconocido, Fisher fue probablemente el empresario más influyente del siglo XX. Esto por la red de intelectuales que creó para cambiar el clima de opinión en el mundo. Oliver Letwin, miembro del parlamento británico, llegaría a decir que "sin Fisher no habría existido el IEA,

---

28   Gerald Frost, Antony Fisher, Champion of Liberty, Institute of Economic Affairs, 2008, p. 10. Disponible en: http://www.iea.org.uk/sites/default/files/publications/files/upldbook443pdf.pdf Última visita: 27-11-2015.

29   George Nash, Antony Fisher: Entrepreneur for Liberty, June 19, 2015. Disponible en: https://www.atlasnetwork.org/news/article/antony-fisher-entrepreneur-for-liberty Última visita: 27-11-2015.

sin el IEA y sus clones no habría existido Thatcher y posiblemente no habría existido Reagan"[30].

El caso de Fisher es una prueba de que quienes creen que solo es la política como oficio el camino para realizar los cambios están simplemente equivocados. Es más, la política al final es un resultado de las ideas de moda y no hay forma de lograr cambios sostenibles en el tiempo si un nuevo proyecto político no cuenta con respaldo a nivel de creencias generales de la población en un régimen democrático. Cuando el filósofo británico John Stuart Mill sostuvo que la "opinión es en sí misma una de las fuerzas sociales más activas" a la hora de definir las instituciones gubernamentales, agregando que "una persona con una creencia es un poder social igual a noventa y nueve que sólo tienen intereses"[31], ciertamente no estaba exagerando. Como explica Alberto Benegas Lynch (h), presidente de la Academia de Ciencias Económicas de Argentina:

> En última instancia, los políticos son cazadores de votos (son cuasi megáfonos) por lo que están inhibidos de pronunciar discursos que los votantes no comprenden y, en su caso, no comparten. Para abrirles un plafón a los políticos al efecto de que puedan modificar la articulación de sus discursos, es menester trabajar sobre las ideas para que la opinión pública cambie la dirección de sus demandas, alejados de muchedumbres que exigen frases cortas y lugares comunes que no admiten razonamientos serios[32].

Para lograr el objetivo que señala Benegas Lynch es necesario tomar posiciones en universidades, escuelas, medios de comunicación, escribir textos de difusión y académicos, entrar a la televisión, entrar a las iglesias y mucho más. Las ideas deben estar presentes en la cultura, en las teleseries, en la música, en el arte y en las películas. Debe ser de manera honesta, inteligente, atractiva, optimista y

---

30 Frost, p. 2.

31 John Stuart Mill, *The Collected Works of John Stuart Mill, Volume XIX-Essays on Politics and Society, Part 2*, Edited by John M. Robson, Introduction by F.E.L. Priestley, University of Toronto Press, Toronto, 1985, p. 57.

32 Alberto Benegas Lynch (h), La paradoja de las ideas, Punto de vista económico, 4 de septiembre de 2014. Disponible en: https://puntodevistaeconomico. wordpress.com/2014/09/04/la-paradoja-de-las-ideas-por-alberto-benegas-lynch-h/ Última visita: 27-11-2015.

mostrando sin temor la verdad respecto a los que son los populistas. Debemos convencer a empresarios de buena voluntad, especialmente a los que han visto arruinados sus países, a invertir en *think tanks* y en esfuerzos intelectuales para difundir y promover estas ideas y hacerlas masivas. Esto es esencial, pues sin inversión sostenida y bien orientada es poco lo que se puede hacer para cambiar las cosas.

Es de personas como Sir Antony Fisher —es decir, de empresarios que se preocupan de algo más que de su propio bolsillo y tienen cierta profundidad cultural para entender lo decisivo que es el clima de opinión— que depende en buena medida la suerte de nuestras naciones. En el mundo, pero especialmente en América Latina, no son muchos los empresarios que creen en la libertad y tienen el coraje, la generosidad y claridad mental para promover e invertir en iniciativas que contribuyan a consolidar repúblicas auténticas. Es más, muchos empresarios, especialmente en América Latina, se han acomodado siempre a los políticos populistas y corruptos de turno, esperando beneficiarse a expensas del resto. Al final, esto les ha salido más caro que la alternativa. No solo porque se convierten en víctimas de países en que la violencia se desata y viven aterrados de que los secuestren a ellos o a sus hijos, sino porque cuando se radicalizan los proyectos populistas, como tienden a hacerlo en Latinoamérica, expropian y confiscan empresas y recursos de quiénes en su servilismo con el gobierno de turno creían estar seguros. No debemos olvidar que Chávez llegó al poder con el apoyo de buena parte de la decadente clase empresarial venezolana y que en Chile las políticas socialistas contra los terratenientes en los años sesenta fueron incluso apoyadas por los industriales, hasta que el gobierno de Salvador Allende arrebató también las industrias.

Historias como estas se cuentan por decenas en la vida de América Latina. Y se enmarcan sin duda en el fenómeno que Milton Friedman denominó "el impulso suicida de la comunidad empresarial"[33], que consiste en financiar a quienes buscan destruir el orden de mercado.

---

33 Milton Friedman, The Business Community's Suicidal Impulse, Cato Policy Report, March/April 1999. Vol. 21, No. 2. Disponible en: http://www.cato.org/sites/cato.org/files/serials/files/policy-report/1999/3/friedman.html Última visita: 27-11-2015.

Según un estudio citado por Friedman en un artículo bajo ese título, publicado en 1999, por cada un dólar que la comunidad empresarial de EE.UU. destinaba a apoyar a grupos partidarios del libre mercado, tres dólares eran destinados por esta a financiar grupos de izquierda interesados en destruirlo. Es muy probable que si un estudio similar se hiciera en América Latina los resultados arrojarían cifras aún más alarmantes.

No son pocos los empresarios en nuestra región que financian ONG, intelectuales, *think tanks*, académicos, políticos y todo tipo de grupos, cuyo trabajo consiste en minar los pilares de nuestra libertad y prosperidad. Quizá lo hacen para protegerse u obtener favores en caso de que lleguen al poder, o acaso por ignorancia. En todo caso, esta inconsistencia llevó a Friedman a afirmar que la comunidad empresarial tiende a la "esquizofrenia". Las fuerzas que ponen en marcha estos empresarios suelen definir el clima de opinión intelectual en favor del estatismo y el populismo, el mismo que una vez desatado se convierte en su principal enemigo.

Para la mayoría de las personas este proceso es imperceptible, pero tiene el potencial de arruinar completamente a la sociedad, tal como hemos visto en América Latina tantas veces. El punto de no retorno en esta evolución es aquel en que, en palabras de Isaiah Berlin, "las ideas han adquirido un incontrolable impulso y un poder irresistible sobre las multitudes que es demasiado violento como para ser afectado por la crítica racional"[34]. Cuando eso ocurre, el dogmatismo ha desterrado el diálogo racional como mecanismo de resolución de diferencias, reemplazando la civilización por la barbarie.

La pregunta obvia en este análisis es por qué tantos empresarios financian, a veces incluso con entusiasmo, las fuerzas intelectuales que habrán de destruir la fuente de nuestra libertad y de su propio éxito. Friedman dice no tener una respuesta satisfactoria, pero sugiere una sobre la cual podemos trabajar: muchos empresarios son ellos

---

34 Isaiah Berlin, Two Concepts of Liberty, in Isaiah Berlin, *Four Essays on Liberty*, Oxford University Press, Oxford, 1969, p. 1. Disponible en: https://www.wiso.uni-hamburg.de/fileadmin/wiso_vwl/johannes/Ankuendigungen/Berlin_twoconceptsofliberty.pdf Última visita: 27-11-2015.

mismos víctimas del clima intelectual de izquierda que han contribuido a crear. Cohabita en estos hombres y mujeres una negligente ausencia de entendimiento sobre lo que está realmente en juego con una
permanente inclinación por el camino fácil: acomodarse a la opinión
dominante para de esa forma no asumir el costo que implica hacer lo
correcto y defender las ideas correctas. De este modo, por no asumir
un costo en el corto plazo, llegan a arriesgar el poder perder mucho
más en el largo plazo. Para evitar esto es que Friedman convoca a la
acción recordando al lector que está en su interés "cambiar el patrón
de conducta del empresariado para deshacerse de lo que claramente
es un impulso suicida"[35].

Ahora bien, el triunfo de la libertad siempre ha sido obra de minorías, dijo Lord Acton. Y, como en todas las cosas, también entre
empresarios existen minorías convencidas moviendo las ideas en la
dirección correcta. Diversos *think tanks* existen en América Latina
y España que cuentan con el apoyo de profesionales y gente de empresa comprometida. Aunque los esfuerzos son insuficientes para el
desafío que se debe enfrentar, el impacto bien vale la pena. Argentina
cuenta con algunas instituciones notables como Libertad y Progreso
en Buenos Aires, Fundación Libertad en Rosario, Fundación Atlas
Federalismo y Libertad en Tucumán y el Instituto Acton en Buenos
Aires, entre muchos otros que han resultado cruciales para mantener
una resistencia al populismo de ese país.

En Chile, la Fundación para el Progreso, liderada por uno de los
autores de este libro, y que ha ocupado un lugar importante en el
debate nacional, promueve igualmente las ideas de la sociedad abierta de manera independiente de partidos políticos, mientras que otras
instituciones buscan hacerlo con vínculos con la clase política. Entre
ellas destacan la Fundación Jaime Guzmán, Libertad y Desarrollo,
Fundación Libertad, Avanza Chile, Horizontal, entre otras.

México tiene un ejemplo notable en Caminos de la Libertad con
el apoyo del Grupo Salinas, sin el cual no sería posible el trabajo de
formación y difusión de ideas de la sociedad abierta que hace la organización. Roberto Salinas, presidente del Mexico Bussines Forum, ha

---

35   Friedman, The Business Community's Suicidal Impulse.

sido también uno de los principales defensores y más lúcidos promotores de las ideas de la libertad en ese país en contra de la tentación populista que siempre lo amenaza. A esos esfuerzos se ha sumado el Instituto IPEA de los hermanos Claudia y Armando Regil, que han logrado movilizar miles de jóvenes para construir un México libre de la amenaza populista. En España, el Instituto Juan de Mariana, liderado por el brillante economista Juan Ramón Rallo, tiene un enorme impacto al igual que el *think tank* Civismo. En Venezuela, el Centro para la Divulgación del Conocimiento Económico (Cedice), liderado por la infatigable Rocío Guijarro, ha realizado una labor heroica resistiendo el régimen chavista. Bolivia y Ecuador tienen sus máximos exponentes en la Fundación Nueva Democracia y el Instituto de Economía Política liderado por Dora de Ampuero, respectivamente. Perú cuenta con varios referentes liberales, aunque carece de un centro de estudios bien financiado con el objetivo de influir en el clima de opinión. República Dominicana, por su parte, cuenta con Crees, que tiene una influencia considerable en el país. En Guatemala promueve las ideas de la sociedad abierta y la necesidad de rescatar la República, el Movimiento Cívico Nacional, integrado por uno de los autores de este libro. Y por muchos años, de forma admirable, lo ha hecho la famosa Universidad Francisco Marroquín (UFM).

De todas las instituciones mencionadas, a las que sin duda podrían sumarse muchas otras, el caso de la UFM merece un tratamiento especial, pues se trata de uno de los esfuerzos más relevantes y de mayor impacto en la construcción de un sentido común republicano y liberal que se conozca en América Latina.

La UFM fue fundada por el empresario Manuel Ayau siguiendo un consejo de Friedrich von Hayek con el fin de influir en el clima intelectual de ese país. Aunque a muchos les parezca sorprendente, esta universidad es probablemente el caso más exitoso que existe en América Latina y España de la creación de un nuevo sentido común partidario de las ideas de la libertad. El exrector de la UFM Giancarlo Ibargüen recuerda que

> La decisión de fundar la Universidad Francisco Marroquín (UFM) en 1971 fue en respuesta directa a la creciente influencia del socialismo en el mundo académico. Guatemala fue el territorio más importante

para el marxismo en América Latina y el primer experimento comunista —mucho antes de Cuba. En el movimiento comunista internacional, Guatemala era el lugar para estar (el Che Guevara era activo en Guatemala antes de ir a Cuba). El movimiento se arraigó en la Universidad Nacional y desde allí se extendió a las universidades privadas. Cuando se fundó la UFM, la actividad guerrillera estaba en su punto más agresivo[36].

La UFM ofreció un nuevo modelo con el fin de defender las ideas del liberalismo clásico y derrotar la hegemonía socialista instalada. El analista político de izquierda guatemalteco Álvaro Velásquez, en su libro *Ideología burguesa y democracia*, que estudia el movimiento libertario en Guatemala, dedicó todo un capítulo al caso de la UFM. Velásquez recuerda que la misión de la universidad, cuyo nivel de tecnologización y redes internacionales no tiene que envidiarle mucho a las mejores universidades de Estados Unidos, consiste en "la enseñanza y difusión de los principios éticos, jurídicos y económicos de una sociedad de personas libres y responsables". La universidad pretende así promover el liberalismo clásico e influir en esa dirección. Velásquez señala correctamente que "la UFM tiene notoriedad enorme en Guatemala, lo mismo que en otras partes del mundo"[37]. Y agrega que la "UFM ha tenido un indudable impacto ideológico en la sociedad de Guatemala" a través de mecanismos como influencia en círculos de prensa, partidos políticos, programas específicos y adherencia a su filosofía por parte de funcionarios públicos[38]. Como resultado del inteligente y sistemático trabajo de penetración cultural que ha hecho la UFM, Velásquez nota que no es exagerado decir que muchos de sus postulados de la economía libre "han pasado a formar parte del sentido común entre los principales comentaristas y editorialistas de medios de comunicación privados así como de políticos y

---

36   Giancarlo Ibarguen, University Francisco Marroquin: A Model for Winning Liberty, in: *Taming Leviathan*, Ed by Colleen Dyble, IEA, London, 2008, p. 80. Disponible en: http://www.iea.org.uk/publications/research/taming-leviathan-waging-the-war-of-ideas-around-the-world Última visita: 15-12-2015.

37   Álvaro Velásquez, *Ideología burguesa y democracia*, Serviprensa, Guatemala, 2014, p. 105.

38   Ibid., p. 106.

funcionarios públicos"[39]. Velásquez agrega que "la influencia de la UFM no se limita a las políticas públicas", donde impera el mercado, sino que "muchos de sus egresados son entrenados para ser hábiles polemistas"[40]. Y concluye, aplicando categorías socialistas, que "la UFM es un triunfo ideológico de la clase dominante guatemalteca"[41]. Según Ibarguen, los miembros de la familia de la UFM han fundado centros de estudios, de presión de política pública, sus columnas aparecen a diario en la prensa guatemalteca e incluso dominan en las radios. Más aún, sus graduados —dice Ibarguen confirmando a Velásquez— "dominan el arte de tomar una idea abstracta y ponerla en un lenguaje sencillo que sea culturalmente relevante y comprensible para todos", de modo que "cualquier debate público debe tener en cuenta un punto de vista liberal clásico bien documentado"[42].

Por supuesto, lo anterior no significa que Guatemala sea un país predominantemente liberal ni que las ideas sean lo único que importa. Lo que muestra el caso de la UFM es que en un país dominado por el marxismo, una corriente contrahegemónica como el liberalismo logró construir un nuevo sentido común con un impacto sustancial en las políticas públicas y económicas, así como en el discurso político, que llevó a romper la hegemonía socialista y populista instalada y a poner contrapesos relevantes. El camino seguido por Manuel Ayau de crear una universidad para dar la lucha de las ideas resultó ser el correcto, como reconocen sus partidarios y detractores. Los empresarios, como muestran Ayau y Fisher, cuando se suman a causas de trascendencia intelectual en pos de la sociedad libre, pueden efectivamente cambiar la historia de sus países y la del mundo. Esto se aplicó a sociedades tan distintas como Inglaterra con el IEA, que llevó a Thatcher al poder; a Guatemala con la UFM y su éxito en desplazar la hegemonía socialista; y a un país como Suecia, que experimentó un proceso de cambio hegemónico notable a partir de la década del ochenta. Merece revisarse brevemente este caso para ilustrar el punto de que esta dinámica de cambio social trasciende diversas culturas.

---

39 Ibid., p. 122.
40 Ibid., p. 125.
41 Ibid., p. 151.
42 Ibarguen, p. 85.

Aunque la mitología popular sobre el caso sueco dice que este país es el grandioso producto de su estado grande, lo cierto es que el país nórdico era muy pobre hasta que, en el siglo XIX, comenzó una serie de reformas liberalizadoras en su economía que lo convirtieron en el cuarto país con mayor ingreso per cápita del mundo. Y esto con un estado muy pequeño. Antes de eso, el estado sueco era gigantesco, sobre regulaba, cobraba impuestos muy altos e impedía la competencia, todas cosas que conocemos en América Latina. En 1763 un pastor llamado Anders Chydenius, conocido como el "Adam Smith nórdico", escribió un ensayo llamado *¿Por qué tanta gente abandona Suecia?* En él mostraba lo dramático de la pobreza en ese país, responsabilizando de ello al gobierno interventor, que con sus regulaciones e impuestos hacía imposible a la gente trabajar productivamente. Según Chydenius, "toda persona espontáneamente trata de encontrar el lugar y el negocio en el que mejor se puede aumentar la ganancia nacional, si las leyes no le impiden hacerlo". Es decir, "todo hombre busca su propio beneficio", lo que sería una "inclinación tan natural y necesaria que todas las comunidades del mundo se fundaron en ella"[43].

Para que prosperaran las naciones, entonces, Chydenius sostenía que debía prevalecer una amplia libertad económica que permitiera a las personas emprender, disponer de su propiedad y perseguir su interés. Estas ideas liberales comenzaron a influir decisivamente en la sociedad sueca, especialmente cuando Chydenius ocupó un puesto en el parlamento de ese país. Si bien las transformaciones demoraron en ocurrir hasta después de su muerte, la influencia de sus ideas trascendió, hasta que a mediados de 1800 una verdadera revolución liberal ocurrió en el país nórdico. Como explica Johan Norberg,

> No es exagerado decir que Suecia experimentó una revolución liberal no violenta entre 1840 y 1865. El sistema gremial fue abolido y cualquiera podría ahora iniciar un negocio y competir libremente. Las regulaciones que habían dejado el desarrollo de las industrias de la madera y el hierro se levantaron. Suecia desarrolló la ley de sociedades por

---

43   Johan Norberg, How Laissez-Faire Made Sweden Rich, October 25, 2013. Disponible en: http://www.libertarianism.org/publications/essays/how-laissez-faire-made-sweden-rich#.rq72mz:XePw Última visita: 27-12-2015.

acciones tan temprano como en 1848. Los bancos fueron permitidos y las tasas de interés fueron desreguladas. La inmigración y la emigración libres se instituyeron. Las antiguas escuelas, que tenían la misión de hacer sacerdotes o funcionarios de los hijos de la élite, fueron reemplazadas por una educación práctica para todos. La libertad de prensa y de religión se expandió dramáticamente. Las mujeres ganaron el derecho a poseer y heredar bienes, obtener una educación, y hacer una carrera[44].

Fue esa revolución liberal que comenzó en el mundo de las ideas la que hizo de Suecia uno de los países más ricos del mundo. Incluso en 1950 los impuestos en Suecia eran más bajos y el tamaño del estado menor que en Estados Unidos y Europa. Luego de eso las ideas estatistas comenzaron a retornar y, con la riqueza ya creada, los políticos suecos comenzaron a levantar ese estado benefactor que se hizo famoso en el mundo entero. La economía comenzó a ser intervenida masivamente, privilegios fueron otorgados a industrias especiales y la redistribución de la riqueza se masificó. El resultado del intervencionismo estatal fue un fracaso, llevando al país a caer del cuarto al puesto 14 en términos de ingreso per cápita en el mundo y a una serie de problemas. Así ha concluido Sanandaji en su estudio sobre el caso sueco:

> Suecia giró hacia políticas socialdemócratas radicales en las décadas de 1960 y 1970 con una reversión gradual en 1980. El período socialdemócrata no fue exitoso, pues condujo a mucho menor emprendimiento, al desplazamiento de la creación de empleos en el sector privado y la erosión de los anteriormente fuertes valores del trabajo y beneficio. El cambio hacia altos impuestos, beneficios gubernamentales relativamente generosos y un mercado laboral regulado precedieron una situación en la cual la sociedad sueca tuvo dificultades para integrar incluso a inmigrantes altamente educados y en que un quinto de la población en edad de trabajo es apoyada por diversas formas de transferencias del gobierno[45].

---

44   Idem.
45   Nima Sanandaji, "The Surprising Ingredients of Swedish Success: Free Markets and Social Cohesion", Institute of Economic Affairs, *Discussion Paper* No. 41, agosto, 2012, p. 39.

Finalmente, el estado benefactor sueco fue insostenible. En la década de los noventa terminó en una gran crisis que sextuplicó el desempleo, hizo caer en seis puntos el PIB, desbocó endeudamiento estatal, que se duplicó entre 1990 y 1994, y devaluó masivamente la Corona sueca, forzando al banco central de ese país a subir la tasa a un dramático 500%[46]. Todo ello condujo a los nórdicos a implementar una vez más políticas liberales que les permitieron salir adelante. Y hoy, a pesar de tener ciertamente impuestos más altos de lo que deberían, son, sin embargo, uno de los países con mayor libertad económica en el mundo.

Pero lo interesante de este episodio es que, nuevamente, fue posible gracias a la construcción de un nuevo sentido común en el imaginario colectivo de los suecos. Este llevó a que las ideas liberales modernas prevalecieran una vez más. En un interesante estudio sobre el giro de Suecia hacia ideas liberales, la académica sueca Kristina Boréus analizó cómo el lenguaje había cambiado progresivamente en el país nórdico a partir de la década del setenta, desde políticas más socialistas a posiciones liberales. Según Boréus, su estudio comprendía "el cambio ideológico que ocurrió en el debate público sueco entre 1969 y 1989", y "la batalla por los corazones y mentes" que se dio mediante "el control del uso del lenguaje"[47]. El análisis fue realizado tomando diversas fuentes como prensa escrita, debates parlamentarios, programas de partidos políticos y otros textos de diversos actores.

Según Boréus, desde fines de los setenta y hasta principios de los ochenta en adelante, existió un punto de inflexión "neoliberal" que llevó a que cada vez más ideas y conceptos de esa corriente dominaran la discusión pública. Más aún, según la académica, "hasta 1980 el cambio hacia la derecha muestra ser casi enteramente

---

46 Ver: Mauricio Rojas, *Reiventar el Estado de bienestar*, Gotagota, Madrid, 2008, pp. 42 y ss.

47 Kristina Boréus, The shift to the right: Neo-liberalism in argumentation and language in the Swedish public debate since 1969. Disponible en: http://www. statsvet.su.se/polopoly_fs/1.151439.1381911496!/menu/standard/file/abstract_boreus_hemsidan.pdf Última visita: 27-12-2015.

liberal". Aunque el liberalismo aún no era hegemónico —agrega—, sí se encontraba claramente establecido.

En otro tipo de análisis no cuantitativo, sino más bien cualitativo, Boréus encontró una gran penetración ideológica de ideas liberales favorables a la privatización de empresas estatales, libertades económicas y restricción del tamaño del Estado. Incluso la idea de igualdad antes dominante fue desplazada del debate público. Si se comparan las décadas del setenta y del ochenta con las anteriores, se concluye que el liberalismo social y económico simplemente había triunfado frente a ideologías que cuestionaban el capitalismo, ya sean estas socialistas o bien socialdemócratas reformistas. Según Boréus,

> A finales de 1980, todas las ideas expresadas eran social liberales o neoliberales. Ya no se cuestionó que el capitalismo era el único modo viable económicamente, a pesar de sus efectos secundarios a veces criticados. A principios de la década de 1970, el subdesarrollo económico a menudo se explicaba con referencia a los factores estructurales de la economía mundial y la dependencia de los países pobres de los ricos. A finales de 1980 el subdesarrollo económico se explicaba con referencia a factores internos de los países pobres, como la gestión mala, la corrupción y los intentos de restringir las fuerzas del mercado. Tampoco se cuestiona, a finales de 1980, que la única manera de desarrollar las economías subdesarrolladas era a través del aumento de la liberalización de estas economías y del libre comercio, a pesar de que no todos estaban completamente de acuerdo en cuanto a los medios apropiados para este fin[48].

Lo que el estudio de Boréus refleja una vez más, es que el triunfo de las políticas liberales en Suecia fue un triunfo del lenguaje y de las élites intelectuales, es decir, un triunfo en la batalla de las ideas y por la ideología, precisamente aquello que América Latina y parte de Europa tienen perdido. Según Boréus, el "neoliberalismo", concepto que ya hemos analizado y que la autora emplea para referirse a ideas de Estado de derecho y libertad económica, penetró el lenguaje contribuyendo a crear un nuevo sentido común entre los suecos en el que la palabra e idea de "libertad" pasó a desplazar la de "igualdad". Decisiva en este cambio fue la estrategia adoptada por los liberales

---

48 Idem.

suecos, entre los cuales se encontraban diversos empresarios que no querían ver a su país avanzar por el camino socialista. Boréus explica que en ese periodo,

> Los *think tanks* y revistas proliferaron, al igual que el cultivo de relaciones con la prensa, los contactos con los políticos, la edición y el trabajo dirigido a los estudiantes y profesores, desde primaria hasta el nivel universitario. El contenido ideológico de las campañas de la década de 1980 fue principalmente neoliberal, y en un grado muy leve conservador. Las campañas incluyen intentos conscientes y deliberados de alterar el uso del lenguaje y el de ciertos términos en el debate[49].

Como en los casos de la UFM y del IEA con Manuel Ayau y Sir Antony Fisher, respectivamente, la transformación del sentido común en Suecia se logró gracias a un empresario. En la década del sesenta la socialdemocracia sueca se radicalizó hacia el socialismo, amenazando existencialmente las bases del sistema de libertades de ese país. La mayoría de los empresarios simplemente no hicieron nada esperando una posible nacionalización o confiscación de sus empresas. Pero hubo un pequeño grupo que no se quedó de brazos cruzados. El primero fue el director de comunicaciones de la Asociación de Empleadores sueca, Sture Eskilsson, quien alarmado por lo que estaba ocurriendo en su país decidió tomar cartas en el asunto en 1971[50]. Su primera acción consistió en redactar un memo de ocho páginas en que describía un plan de acción para que la AES contuviera el avance socialista. Reconociendo que una acción decidida requería una inversión de recursos relevante, Eskilsson sostuvo que la clave era la batalla de las ideas. Se requería mayor presencia en colegios, universidades y en medios de comunicación. Y la clase empresarial debía salir al debate público y articular sus valores e ideas defendiéndolas con convicción. Este fue el inicio del fin de la hegemonía de la izquierda en el debate público sueco.

---

49 Idem.
50 Para la historia de Timbro ver: Billy McCormak, A Swedish Think Tank Punches Above its Weight, in Freedom Champions, Atlas, Washington, 2011. Disponible en: https://www.atlasnetwork.org/assets/uploads/misc/Freedom Champions.pdf Última visita: 27-12-2015.

Esklisson, junto al cientista político Carl-Johan Westholm, estudió el surgimiento de *think tanks* en Estados Unidos e Inglaterra y la influencia que lograban. Inspirados en instituciones como IEA y Heritage Foundation, decidieron fundar Timbro. Reclutando académicos de primer nivel, Timbro comenzó a publicar obras liberales clásicas que no se encontraban traducidas al sueco. La primera fue *The Constitution of Liberty*, de F.A. Hayek y la segunda *Tomorrow Capitalism*, del francés Henri Lepage, que desató un inmenso debate en Suecia. Siguieron obras de Milton Friedman, Adam Smith y Thomas Paine, entre muchas otras. Finalmente, Timbro terminó siendo el *think tank* más influyente en Suecia, donde ha jugado un rol clave en la construcción de un nuevo sentido común hasta el día de hoy.

Lo hemos dicho en varias oportunidades pero debemos insistir: si América Latina y España quieren superar la amenaza populista y socialista, e incluso si quieren avanzar desde las posiciones socialdemócratas en las que se encuentran, deben trabajar en el mundo de las ideas, las ideologías y el lenguaje a fin de convertir aquellos valores y principios de la sociedad libre en patrimonio universalmente aceptado. Y, al mismo tiempo, lograr que la alternativa populista y estatista sea rechazada o resistida por una significativa parte del liderazgo intelectual, empresarial y político, así como por la mayoría de la población. Para ello se requiere de intelectuales capaces de desarrollar, defender y promover ideas en el debate público, lo cual a su vez demanda el apoyo de personas con recursos y comprometidas con la causa de una sociedad libre de la lacra populista.

En todos los países existen iniciativas, instituciones y personas dispuestas a formar focos de promoción de las ideas que hicieron grandes a los países desarrollados y combatir el populismo. Lo que falta son los apoyos de una clase empresarial que, con pocas excepciones, se ha mostrado ignorante, indiferente e incluso cómplice con aquellos que arruinan nuestros países para no incomodarse o para obtener ganancias de corto plazo a expensas del resto. Es hora de que esos hombres de empresa despierten de su pasividad y hagan una real contribución a la sociedad en que viven, por el bien de esta y sobre todo por el de sus propios hijos.

La táctica: inteligencia emocional y educación económica

Hemos visto que formar intelectuales públicos, posicionarlos en los medios de comunicación, entrar en las escuelas y escenarios artísticos, crear *think tanks* encargados de defender, promover y difundir las ideas de la sociedad libre, persuadir a políticos y publicar libros académicos y masivos, son tareas fundamentales que se deben hacer para construir un sentido común que favorezca los principios de una sociedad libre. Todo ello debe diseñarse con sentido de la oportunidad y de la estética, con un mensaje honesto y atractivo, tanto por sus portavoces como por su contenido y estilo. Esto porque la conexión emocional con el público resulta determinante.

Quienes han defendido el sistema de libertades, en general han pecado de un excesivo formalismo, que va desde sus argumentos y lenguaje hasta la forma en que visten. Rara vez se ve un artista, un rastafari o una mujer liderar la defensa de los ideales de la sociedad libre. E incluso a los jóvenes, a pesar de que hay cada vez más, no se les abren espacios suficientes. Lo que se debe entender es que, si bien lo esencial es el trabajo intelectual riguroso, la forma resulta fundamental para entregar el mensaje. No es lo mismo tener a un señor asfixiado por su corbata hablando compuestamente de libertad que a un joven enérgico sin mayor preocupación por las formas. El éxito de Camila Vallejos, la líder comunista que hizo portada en todo el mundo liderando el movimiento estudiantil de Chile se debió no tanto a sus ideas, sino a la forma en que las transmitía y al hecho de haber sido una mujer atractiva, carismática y joven. Lo mismo ocurre en el caso del Che Guevara. No hay que ser un genio para entender que su éxito como ícono pasa por la estética más que por la ética del mensaje. Y que si hasta hoy se venden camisetas con su rostro —replicando la famosa foto de Alberto Korda— es porque se ha creado una imagen que evoca una cierta épica sexy cargada de significados, emociones y símbolos: rebeldía, arrojo, lucha, utopía, sueños, amor, justicia. Se trata de una construcción muy dedicada y compleja, como la de las marcas.

Esta inclinación a la respuesta emocional inmediata que tenemos los seres humanos es esencial entenderla si queremos tener una posibilidad de derrotar el discurso populista. El psicólogo y premio nobel de economía Daniel Kahneman ha explicado que nuestro cerebro funciona con dos sistemas. El sistema 1 emite juicios inmediatos e intuitivos y el sistema 2 requiere de esfuerzo mental y elaboración. Si usted lee, por ejemplo, 15 x 32, inmediatamente sabe que se trata de un ejercicio matemático y que puede resolverlo. También sabe que el resultado se encuentra dentro de un cierto rango. Así opera el sistema 1. El sistema 2, sin embargo, es el que le permitirá determinar el resultado, para lo cual tendrá que concentrarse y consumir más tiempo y energías desarrollando el ejercicio.

El sistema 1 desarrolla sistemas de ideas complejos que no requieren de esfuerzo, pero es incapaz de crear pensamientos ordenados y estructurados. Esto último es lo que hace el sistema 2. Pero el sistema 1 es el predominante. Y este, como dice Kahneman, continuamente genera sugerencias para el sistema 2 en la forma de impresiones, sentimientos, intuiciones, intenciones e impulsos que en el sistema 2 se convierten en creencias y acciones voluntarias[51]. El sistema 1, entonces, es el emocional y el 2, el racional. El sistema 1, como dice Kahneman, es "rápido, automático, no requiere esfuerzo, es asociativo y difícil de controlar o modificar", mientras que las operaciones del sistema 2 son "lentas, seriales, requieren esfuerzo, controladas deliberadamente y son *relativamente* flexibles y gobernadas por reglas"[52].

El discurso populista y socialista ataca fundamentalmente el sistema 1 explotando diversas emociones: la esperanza, el resentimiento, el odio, el deseo de surgir, la sensación de justicia, la empatía con el que sufre, etc. Apela, mediante un lenguaje simple y básico, a emociones e intuiciones espontáneas. El discurso partidario de la sociedad libre, que apela a argumentos y a la evidencia empírica o científica, a veces apoyada en las estadísticas o en los números, por

51 Daniel Kahneman, *Thinking Fast and Slow*, Penguin, London, 2012, p. 24.

52 Daniel Kahneman, Maps of Bounded Rationality: A Perspective on Intuitve Judgment and Choice, *Prize Lecture*, December 8, 2002. Disponible en: http://www.nobelprize.org/nobel_prizes/economic-sciences/laureates/2002/kahnemann-lecture.pdf Última visita: 27-11-2015.

ejemplo, de la economía, suele conectarse con el sistema 2, que es mucho menos efectivo. Los argumentos económicos que prevalecen en ese discurso, y que por cierto son necesarios, son la mejor prueba del foco racionalista de quienes defienden la sociedad libre. Las cifras del PIB, tasas de crecimiento, balanzas de pagos, déficits fiscales y otros no conectan fácilmente con las emociones de la gente. En parte, el fracaso de este discurso se debe a que la economía es una ciencia compleja que requiere el entendimiento de dinámicas y fuerzas que operan en el largo plazo y de manera invisible, que en una democracia no se consideran. Kahneman lo explica:

> La gente es muy sensible a las presiones y a las consecuencias inmediatas que puedan tener. Los efectos a largo plazo son más abstractos y más difíciles de tener en cuenta… Tomarse las cosas en serio implica un elemento emocional. Las emociones se evocan más rápidamente y con mayor intensidad por cosas inmediatas. Las democracias funcionan así, por ejemplo. La gente se ve obligada a pensar a corto plazo. Es uno de los grandes problemas de las democracias… Eso explica en parte la situación actual. Es sorprendente que la gente vote y que tenga opiniones políticas sobre cosas de las que no tiene ni idea, como la economía. Pero forma parte de nuestra propia naturaleza. Está relacionado con lo que decía antes: el problema es que no sabemos que no sabemos[53].

El populista y el socialista ofrecen, en un lenguaje e ideas simples, soluciones de corto plazo que son bien recibidas por el sistema 1 y que solo se pueden neutralizar dejando que opere el sistema 2. Así, por ejemplo, proponer derechos sociales garantizados para todos es algo emocionalmente atractivo que la mayoría apoyará porque nadie puede ser contrario a que las personas tengan todo lo que necesitan. Esto es lo mismo que define toda las tendencias en la publicidad: hoy las marcas no apelan a la racionalidad sino a emociones puras. No se venden autos apelando a argumentos técnicos, sino a sentimientos e identificación con estilos de vida. Las promesas populistas tienen mucho de eso y solo en un análisis posterior en el cual se miden las consecuencias de mediano y largo plazo que se opta por descartar la idea. En ese caso, después de la reflexión, el sistema 2 controla al 1.

---

53 Ver: http://www.abc.es/20120615/cultura-libros/abci-daniel-kahneman-premio-nobel-201206151829.html Última visita: 27-12-2015.

La clásica fórmula de subir impuestos a los ricos para financiar a los pobres es otro ejemplo del juego entre el sistema 1 y el 2. Intuitivamente, todos estarían de acuerdo en desmejorar a un rico para mejorar a un pobre. Es solo cuando se analiza, ya en profundidad, que los impuestos cobrados probablemente tendrán un impacto sobre la inversión, el empleo y la productividad, concluyendo que a los pobres les conviene más que haya menos impuestos, que se rechaza la idea. Como explica Kahneman, es el sistema 1 el que entrega siempre la respuesta inmediata a cualquier problema relacionado con ricos y pobres. Se trata de intuiciones morales que nos llevan a preferir al pobre sobre el rico sin entender las implicancias para el problema concreto que se busca resolver. Estamos así condicionados —dice el profesor de Princeton— a equivocarnos por los sentimientos morales. Pero no estamos determinados, pues todo depende de la forma en que se plantee el problema, dice Kahneman[54].

Hemos visto en el capítulo anterior lo relevante del lenguaje. Kahneman lo confirma explicando, por ejemplo, que no es lo mismo decir que una empresa cumplió un 40% de la meta de ventas que decir que falló en un 60%. O decir que la tasa de mortalidad infantil es de 40% debido a las políticas del gobierno, que decir que la tasa de supervivencia es de 60%, aun cuando en el fondo se trate de lo mismo. En un caso, la recepción emocional es más bien positiva, en el otro, negativa. Tampoco es lo mismo hablar de sistema de libre emprendimiento que de neoliberalismo, o hablar de legítima ganancia que de lucro.

Esta distinción entre ambos sistemas no puede ignorarse si buscamos hacer llegar bien nuestros razonamientos y explicaciones a la audiencia o si queremos comunicarnos eficazmente. La inteligencia emocional en este contexto implica trabajar con imágenes, lenguajes y formas que hagan el mensaje de los partidarios de la sociedad abierta llamativo para la mayoría, pero siempre cuidando la honestidad intelectual y resguardando la verdad. El desafío consiste en superar la creencia derivada de la economía neoclásica según la cual las personas son agentes racionales maximizadores de su propio beneficio,

---

54 Kahneman, *Thinking Fast and Slow*, pp. 371 ss.

pues si bien hay mucho de eso, lo que Kahneman prueba es que la realidad es bastante más compleja y que los seres humanos actuamos especialmente impulsados por emociones.

Brian Caplan ha llevado esta idea a un punto de mayor depuración en su best seller *The Myth of the Rational Voter*, en el cual afirma que la razón por la cual las democracias llevan a malas políticas económicas y sociales, perjudicando a la mayoría, es porque los votantes son derechamente irracionales o más bien irracionalmente racionales[55]. Esto significa que simplemente votan por aquello que los hace sentir bien. Según Caplan, no es la información sobre hechos, sino las ideologías y las emociones lo que define nuestro juicio. Las ideas populistas, como el proteccionismo, continúa Caplan, son tan difíciles de erradicar porque hay una conexión emocional con ellas que hace que la gente se sienta bien apoyándolas. Dice el autor que "cuando la gente vota bajo la influencia de creencias falsas que se sienten bien, la democracia persistentemente produce malas políticas"[56].

Nuevamente, vemos aquí que son las ideas e ideologías, que incuban fuertes emociones acerca de cómo debe ser el mundo, lo que conduce al fracaso de las democracias. Caplan dice que las democracias "sufren de una forma abstracta de externalidad: la contaminación mental de creencias sistemáticamente falsas" que llevan a las personas a votar a favor de políticas que finalmente los perjudican[57]. Esto porque las personas toman muy en serio su forma de ver el mundo y rara vez aceptan estar equivocados. De este modo, y como no asumen un costo inmediato por votar de acuerdo a creencias falsas, los votantes buscan maximizar su bienestar psicológico al apoyar políticas que son coherentes con su ideología. Una forma de corregir esto —dice Caplan— es incrementar el nivel de conocimientos sobre economía en la población de una manera que sea entretenida, es decir, emocionalmente inteligente[58]. El economista francés Frédéric Bastiat y

---

55   Bryan Caplan, *The Myth of the Rational Voter*, Princeton University Press, Princeton, 2006, p. 2. Disponible en: http://www.libertarianismo.org/livros/tmotrvbc.pdf Última visita: 27-11-2015.

56   Idem.

57   Ibid., p. 206.

58   Ibid., p. 202.

su famosa ridiculización del proteccionismo, mediante su historia de la petición de fabricantes de vela de prohibir que brillara el sol para fomentar la industria local de velas, es, para Caplan, un buen ejemplo de cómo destruir estereotipos y prejuicios que prevalecen en la población enseñando economía de manera efectiva. Caplan explica:

> No hace ninguna diferencia si ser "maestro de la economía" es su descripción oficial de trabajo. Todo el mundo que conoce algo de economía —profesores, 'expertos', periodistas, estudiantes y ciudadanos interesados— tiene oportunidades para enseñar. Cada uno de nosotros debe comenzar, como Bastiat, contrastando la visión popular de un tema con el punto de vista económico. Hacer evidente que los economistas piensan una cosa y los no economistas piensan otra cosa. Seleccione algunas conclusiones con profundas implicancias en política pública o económica o implicaciones similares —como el efecto de los controles de precios, los beneficios a largo plazo del ahorro de mano de obra gracias a la innovación— y agótelos[59].

El profesor de Harvard Steven Pinker, un experto en psicología evolutiva, confirma el punto de Caplan sosteniendo que la educación es la mejor forma de contener las reacciones emocionales del sistema 1 basadas en prejuicios, mitos y estereotipos destructivos para el bienestar de la población. Según Pinker, la educación en economía y en áreas como estadísticas, biología evolutiva y probabilidades haría una gran contribución para romper prejuicios y falsas creencias[60]. Pinker explica, por ejemplo, que la mentalidad igualitarista que rechaza el mercado como medio de interacción mediante el sistema de precios es una clara muestra del triunfo de la intuición y el prejuicio por sobre la realidad.

La mentalidad igualitaria y la de mercado son tratadas por dos psicologías o sistemas distintos, dice el académico: la igualitarista por un sistema "intuitivo y universal", la de mercado por uno "refinado

---

59   Ibid., p. 200. Un excelente ejemplo de cómo popularizar ideas económicas y hacerlas asequibles para menores es la iniciativa del profesor de la Universidad de Buenos Aires Martin Krause y su libro *La economía explicada a mis hijos*. Disponible en: http://www.fhi.org.hn/images/Libros/185-martin-krause-la-economia-explicada-a-mis-hijos.pdf Última visita: 27-11-2015.

60   Steven Pinker, *The Blank Slate*, Penguin, London, 2002, p. 208.

y cultivado"[61]. Es fácil entender —dice Pinker— un intercambio cuando es directo en forma de trueque, como, por ejemplo, un par de gallinas por un cuchillo. Pero cuando de por medio surge el dinero, el crédito y otras figuras más complejas que no nos han acompañado evolutivamente, el mismo intercambio pasa a ser rechazado. La creencia —dice el profesor de Harvard— de que existe algo así como un "precio justo" o un valor objetivo que lleva a considerar todo precio por sobre el "justo" como avaricia, es una superstición que justificó los precios obligatorios en la Edad Media, los sistemas de control comunistas y los controles de precios en países del tercer mundo[62]. Lo mismo ocurre con la prohibición del interés, derivada de una incapacidad de comprender cómo funcionan los mecanismos de mercado.

Como hemos dicho, el resultado de estos prejuicios intuitivos derivados de una falta de comprensión racional son leyes e instituciones que, basadas en ideologías sin base en la realidad, causan un daño tremendo a la misma población que las respalda. El engaño populista es, entonces, no solo un problema de los líderes, sino fundamentalmente del público, con quien hay que comunicarse de manera inteligente y atractiva para abrazar, tanto consciente como espontáneamente, aquellas ideas que promueven su libertad y bienestar, cerrando las puertas a prejuicios e ideologías que los hacen caer en el engaño populista.

Los instrumentos: redes sociales y nuevas tecnologías

Vivimos en un mundo cada vez más inmediato en que las tecnologías de la información y comunicación han pasado a ser decisivas en la opinión pública. Hoy en día no existe campaña política bien hecha que no concentre buena parte de sus esfuerzos en Facebook, Twitter, Instagram, Myspace, YouTube, blogs y las demás redes sociales y espacios del mundo digital. Incluso aplicaciones como WhatsApp, bastante más próximas y menos públicas, son consideradas en las estrategias de comunicación. Se trata de medios masivos de información y distribución de ideas donde se utiliza el eslogan fácil y emotivo para llegar al sistema 1. El populista tiene, por lo mismo, en redes

---

61   Ibid., p. 207.
62   Idem.

como Twitter, un terreno fértil para sembrar sus prejuicios y falsas creencias. El gran intelectual italiano Umberto Eco llegó a decir que las redes sociales eran un problema porque "le dan el derecho de hablar a legiones de idiotas que primero hablaban sólo en el bar después de un vaso de vino, sin dañar a la comunidad. Ellos eran silenciados rápidamente y ahora tienen el mismo derecho a hablar que un premio Nobel. Es la invasión de los necios"[63]. Eco agregó que "la televisión ha promovido al tonto del pueblo, con respecto al cual el espectador se siente superior. El drama de internet es que ha promovido al tonto del pueblo al nivel de portador de la verdad"[64].

No hay duda de que las redes sociales han permitido dar voz a una masa de personas que nunca la tuvo. Y que buena parte de ella es ignorante, maleducada y hace del insulto, la mentira y la estupidez su forma de manifestarse. En cierto sentido, es verdad que los idiotas han encontrado en las redes sociales su ambiente natural, y también que sus opiniones, cuando son repetidas por un número suficiente de personas, son influyentes a pesar de su contenido absurdo. Pero esa es la realidad con la que se debe convivir hoy en día y la alternativa no puede ser abandonar completamente ese terreno como han hecho muchas personas, desde la academia hasta el ámbito de las celebridades. Eso es dejar el espacio de las redes, tan grande y lleno de oportunidades, a los idiotas y populistas, dando por perdida una batalla crucial en el ámbito de las ideas, que también es el de la comunicación. En lugar de la retirada, por lo tanto, es necesario bajar el discurso republicano y liberal a un formato que sea fácil de asimilar para quienes participan en las redes sociales; estas pueden ser instrumentos efectivos de control del poder político, como muestra el caso de Brasil, donde las manifestaciones de cientos de miles de personas en contra del corrupto gobierno de Dilma Rousseff se coordinaron gracias a estas tecnologías.

Otros casos que ilustran el poder de las redes sociales son la llamada "primavera árabe", el movimiento Occupy Wall Street y la elección

63   En ABC Cultura: http://www.abc.es/cultura/20150616/abci-umberto-redes-sociales-201506161259.html Última visita: 27-11-2015.
64   Idem.

de Barack Obama, que marcó un antes y un después en materia de explotación política de las redes sociales. Según un estudio del Center for European Studies, las redes sociales han conseguido alcanzar un impacto relevante sobre los resultados electorales en diversos países. Aún más, según el estudio, "los medios tradicionales, con sus emisiones de televisión, periódicos y revistas, están en interacción activa con los medios sociales" e incluso "siguen el ejemplo de los medios sociales"[65]. En el caso de la elección francesa de 2007, por ejemplo, donde Nicolás Sarkozy venció a Ségolène Royal, el 40% de los usuarios de internet declaró haber visto influenciado su voto por las redes sociales[66]. Un estudio de la London School of Economics, por su parte, mostró que en la elección parlamentaria de 2010 en Inglaterra las redes sociales jugaron un rol decisivo en la opinión pública, influyendo directamente en los medios tradicionales[67]. Otro estudio publicado en la prestigiosa revista *Nature*, que tomó como base a 61 millones de usuarios de Facebook del año 2010, concluyó que en las elecciones parlamentarias de Estados Unidos ese año "los mensajes directamente influenciaron la autoexpresión política, la búsqueda de información y el voto real de millones de personas"[68]. Más aún, de acuerdo con el estudio, "los mensajes no solo influenciaron a quienes los recibieron sino también a sus amigos y amigos de amigos"[69].

---

65   Ari - Matti Auvinen, Social Media, The New Power of Political Influence, Center for European Studies, p. 5. Disponible en: http://www.martenscentre.eu/sites/default/files/publication-files/social-media-and-politics-power-political-influence.pdf Última visita: 27-11-2015.

66   Ibid., p. 7.

67   Anstead, Nick and O'Loughlin, Ben (2014) Social media analysis and public opinion: the 2010 UK General Election. Journal of Computer-Mediated Communication, online. pp. 1-17. Disponible en: http://eprints.lse.ac.uk/60796/1/__lse.ac.uk_storage_LIBRARY_Secondary_libfile_shared_repository_Content_Anstead,%20N_Social%20media%20analysis_Anstead_Social%20media%20analysis_2015.pdf Última visita: 27-11-2015.

68   Robert M. Bond, Christopher J. Fariss, Jason J. Jones, Adam D. I. Kramer, Cameron Marlow, Jaime E. Settle & James H. Fowler, A 61-million-person experiment in social influence and political mobilization, *Nature*, 489, September 13, 2012, p. 295. Disponible en: http://fowler.ucsd.edu/massive_turnout.pdf Última visita: 27-11-2015.

69   Idem.

La razón por la cual estas nuevas tecnologías ejercen tanta influencia es por su carácter eminentemente relacional, sin contar la explosiva masificación, en tan poco tiempo, de los dispositivos móviles más sofisticados, que ponen en el bolsillo de millones una poderosa computadora con la que están conectados, literalmente, las 24 horas del día y los 365 días del año.

Las personas tienden a definir su modo de pensar y decidir electoralmente y en otras materias sobre la base de lo que ven en otros. Esto hace que la construcción de sentido común utilizando las redes sociales tenga un efecto multiplicador imprevisible. Si el uso de redes sociales se ha convertido en un nuevo campo de investigación, es precisamente porque los expertos creen poder obtener valiosa información sobre las creencias, valores y hábitos de las personas a partir de sus publicaciones. También las empresas privadas han comenzado a enfocar su marketing en las redes sociales, conscientes de que la imagen de su marca y las posibilidades de ampliar mercados requieren de un uso inteligente de estas tecnologías y de la información masiva que hoy se puede obtener a través de ella con una facilidad y en magnitudes antes inimaginables.

Ideológicamente existe discusión en torno a si los efectos de estas redes han sido positivos o negativos. Según un estudio de la Universidad de Nueva York, los usuarios de redes sociales participan en redes diversas ideológicamente, lo que produciría un acercamiento a otros puntos de vista y consecuentemente una disminución de la polarización política, llevando a diálogos e interacciones más pacíficas[70]. Este estudio contraviene estudios anteriores según los cuales las redes sociales incrementaban la polarización. Cualquiera que sea la verdad sobre este punto, lo relevante es que existe un consenso en torno a la influencia de las redes sociales sobre la realidad política e ideológica de un país, y por tanto su uso inteligente debe constituir parte esencial en la estrategia para romper el engaño populista. Como concluyó el citado estudio de la revista *Nature*:

---

70   Pablo Barbera, How Social Media Reduces Mass Political Polarization. Evidence from Germany, Spain, and the U.S. New York University, October 18, 2014. Disponible en: http://smapp.nyu.edu/papers/SocialMediaReduces.pdf Última visita: 27-11-2015.

La movilización política *online* funciona. Induce a la libre expresión política, pero también induce a la recopilación de información y a la participación electoral... la movilización social en redes es significativamente más eficaz que la movilización mediante el uso de información sola. Mostrar caras conocidas para los usuarios puede mejorar drásticamente la eficacia de un mensaje de movilización... En términos más generales, los resultados sugieren que los mensajes *online* podrían influir en una variedad de comportamientos fuera de línea y esto tiene implicaciones para nuestra comprensión de la función de los medios sociales en la sociedad[71].

No pretendemos dar aquí la respuesta exacta sobre cómo utilizar las redes sociales, algo para lo que existen expertos y textos suficientes. Lo que buscamos es llamar la atención sobre el hecho de que hoy en día, el engaño populista puede encontrar un aliado o enemigo letal en las nuevas tecnologías de la información y que estas deben formar parte de la estrategia para promover los valores y principios de una sociedad de personas libres. Ningún centro de estudios, universidad, medio de comunicación o intelectual reconocido que pretenda trascender con su influencia en la construcción de un nuevo sentido común puede dejar de utilizar las redes sociales enteramente, a pesar del costo que implica enfrentarse con los idiotas de los que habla Eco. En la construcción de relatos nuevos, la difusión de mensajes con portavoces efectivos y la penetración con mensajes emotivos que permitan movilizar masas en contra de gobiernos corruptos y tiránicos, las redes sociales son elementales. Quedó demostrado en las elecciones parlamentarias de Venezuela en diciembre de 2015, cuyo monitoreo fue esencialmente posible gracias a las redes sociales a las que hoy por hoy cualquiera puede acceder desde su celular, a muy bajo costo y en cualquier momento. De hecho, si hay algo que ha logrado la revolución tecnológica que estamos presenciando es que ha dado voz a todos y, para usar un término de moda, ha "democratizado" el poder de la comunicación. Es cada vez más difícil para los gobiernos autoritarios mantener cercos y desinformación, si bien a veces sacan muy buen provecho de los medios disponibles.

---

71   Bond, Fariss, Jason J. Jones, Kramer, Marlow, Settle & Fowler, A 61-million-person experiment in social influence and political mobilization, pp. 298-298.

No se trata, por supuesto, de reemplazar el trabajo serio, académico y riguroso que debe darse en otras esferas y que, como hemos visto, resulta decisivo en la construcción de nuevos imaginarios. Un profesor universitario forma miles de estudiantes en el transcurso de su vida y este no puede ni debe basarse en Facebook ni Twitter para ello. Pero las redes sociales son un complemento de este trabajo, como lo son también los medios de comunicación tradicionales, que no siempre dan espacio a análisis profundos.

El partido por el futuro de nuestros países se juega hoy en más canchas que hace algunas décadas y debemos estar dispuestos a ir a todas si no queremos conceder ventajas a los populistas y a la demagogia responsable de habernos arruinado tantas veces. Hoy todos poseemos una entrada a esa cancha desde la cual podemos librar la batalla de las ideas. A través de Facebook, Twitter; Instagram o YouTube —y mañana a través de otros medios que irán surgiendo en este dinámico mundo—, en cualquier momento, cualquiera puede contribuir a desmantelar el engaño populista y fortalecer en otros las ideas que evidencian que la libertad, la individualidad, el Estado de derecho y la República son una alternativa real al engaño populista que América Latina ha sufrido y que hoy también amenaza a España.

EPÍLOGO

Simón Bolívar dijo alguna vez que hemos vivido dominados por el engaño, y tenía razón. En América Latina y partes de Europa se nos ha contado una historia llena de mentiras y falacias con el fin de hacer aceptables proyectos políticos e ideológicos que buscan concentrar el poder en unas pocas manos y enriquecer a diversos grupos de interés de manera corrupta. No es que todos los que han apoyado programas populistas e ideológicos totalitarios o autoritarios hayan tenido malas intenciones o no hayan creído de verdad lo que promovían.

No hay duda de que el Che Guevara creía en sus ideales, pero eso no significa que haya sido una buena persona ni lo exime de la responsabilidad por los asesinatos y torturas que llevó a cabo. Es posible también que Chávez haya creído fervientemente en su socialismo del siglo XXI, pero eso no lo exculpa de su autoritarismo, de las violaciones a los derechos humanos que su régimen cometió y de la miseria generalizada que su sistema de ideas causó en Venezuela. Los mismo puede decirse de Castro, los Kirchner, Morales, Correa, Ortega, Rousseff, Bachelet y, usando otro término de Plinio Apuleyo Mendoza, Carlos Alberto Montaner y Álvaro Vargas Llosa, otros aspirantes a *fabricantes de miseria*, como Pablo Iglesias y López Obrador. Todos ellos deliberadamente han promovido un gran engaño que es el de prometer bienestar para todos con ideas y proyectos políticos cuyo resultado no puede ser otro que la destrucción de las posibilidades de progreso y las libertades de los ciudadanos a quienes gobiernan o pretenden gobernar.

Ciertamente hay diferencias de grado entre ellos. Bachelet y Chávez no son lo mismo en términos de intensidad, pero son lo mismo en términos de la naturaleza ideológica de lo que rechazan. Todos los populistas tienen en común un desprecio profundo por la libertad personal y la dignidad humana, a pesar de que su creencia en la igualdad es revestida siempre de humanismo. Pero la verdad es que su idolatría por el Estado es incompatible con el aprecio del individuo en cuanto agente digno, capaz de diseñar su plan de vida y perseguir sus fines responsablemente. Y sus propuestas refundacionales son delirios ideológicos cuyos costos transfieren a terceros, mientras ellos viven rodeados de lujos y fuera del alcance de la miseria que fabrican para otros.

Afortunadamente hay esperanza. El populismo comienza a sufrir reveses en América Latina con las derrotas, por ahora electorales, de Kirchner y Maduro, con los escándalos de corrupción que sacuden a Bachelet y Dilma y con los problemas económicos que enfrentan Correa, Morales y sus seguidores. Sin embargo, para que el ciclo populista llegue a su fin y no regrese, es imprescindible cambiar el sentido común prevaleciente entre las élites y la población para hacer de las ideas liberal-republicanas un patrimonio cultural común. Si ese trabajo no se realiza volveremos a caer en el engaño populista y sus desoladoras consecuencias una y otra vez.

BIBLIOGRAFÍA

Libros, ensayos y *papers*

Acemoglu, Daron y Robinson, James. *Why Nations Fail*. Profile Books, London, 2013.

Adams, John. *The Life of the Author, in The Works of John Adams, Second President of the United States: with a Life of the Author*. Vol. I Little, Brown and Co. Boston, 1856. Disponible en: http://oll. libertyfund.org/title/2099

Adams, John. *Discourses on Davila. The Works of John Adams, Second President of the United States: with a Life of the Author*. Vol. VI. Little, Brown and Co. Boston, 1856.

Alberdi, Juan Bautista. *Bases y puntos de partida para la organización política de la República de Argentina*. Disponible en: http://www. hacer.org/pdf/Bases.pdf

Alberdi, Juan Bautista. *La omnipotencia del Estado es la negación de la libertad individual*. 31 de enero de 2003. Disponible en: http://www. elcato.org/publicaciones/ensayos/ens-2003-01-31.pdf

Anstead, Nick y O'Loughlin, Ben. *Social media analysis and public opinion: the 2010 UK General Election*. Journal of Computer-Mediated Communication, 2014. Disponible en: http://eprints.lse. ac.uk/60796/1/__lse.ac.uk_storage_LIBRARY_Secondary_libfile_ shared_repository_Content_Anstead,%20N_Social%20media%20 analysis_Anstead_Social%20media%20analysis_2015.pdf

Arendt, Hannah. *On Revolution*. Penguin, New York, 2006.

Atria, Fernando; Benavente, José Miguel; Couso, Javier; Larraín, Guillermo y Joignant, Alfredo. *El otro modelo*. Ed. Debate, Santiago, 2013.

Auvinen, Ari-Matti. *Social Media, The New Power of Political Influence.* Center for European Studies. Disponible en: http://www.martens-centre.eu/sites/default/files/publication-files/social-media-and-politics-power-political-influence.pdf

Barbera, Pablo. *How Social Media Reduces Mass Political Polarization. Evidence from Germany, Spain, and the U.S.* New York University, October 18, 2014. Disponible en: http://smapp.nyu.edu/papers/SocialMediaReduces.pdf

Bastiat, Frédéric. *El Estado*, disponible en: http://www.hacer.org/pdf/ElEstado.pdf

Bates, Thomas R. *Gramsci and the Theory of Hegemony*. Journal of the History of Ideas, Vol. 36, No. 2 (Apr. - Jun., 1975). University of Pennsylvania Press.

Becker, Gary S. *What Latin America Owes to the "Chicago Boys".* Hoover Digest, October 30, 1997. Disponible en: http://www.hoover.org/research/what-latin-america-owes-chicago-boys

Behrman, Jere H. *Foreign Trade Regimes and Economic Development: Chile, National Bureau of Economic Research*, 1976. Disponible en: http://www.nber.org/chapters/c4023

Benavente, Andrés y Cirino, Julio. *La democracia defraudada*. Grito Sagrado, Buenos Aires, 2005.

Benegas Lynch, Alberto (h). *La paradoja de las ideas*. Punto de Vista Económico, 4 de septiembre de 2014. Disponible en: https://puntodevistaeconomico.wordpress.com/2014/09/04/la-paradoja-de-las-ideas-por-alberto-benegas-lynch-h/

Berlin, Isaiah. *Two Concepts of Liberty*, in *Isaiah Berlin, Four Essays on Liberty*. Oxford University Press, Oxford, 1969. Disponible en: https://www.wiso.uni-hamburg.de/fileadmin/wiso_vwl/johannes/Ankuendigungen/Berlin_twoconceptsofliberty.pdf

Berlin, Isaiah. *Freedom and its Betrayal*. Pimlico, 2003.

Boas, Taylor C. y Gans-Morse, Jordan. *Neoliberalism: From a New Liberal Philosophy to Anti-Liberal Slogan*. Studies in Comparative

International Development. Volume 44. Issue 2. (June 2009). Springer.

Bond, Robert M.; Fariss, Christopher J.; Jones, Jason J.; Kramer, Adam D. I.; Marlow, Cameron; Settle, Jaime E. y Fowler, James H. *A 61-million-person experiment in social influence and political mobilization*, Nature, 489, September 13, 2012. Disponible en: http://fowler.ucsd.edu/massive_turnout.pdf

Boréus, Kristina. *The shift to the right: Neo-liberalism in argumentation and language in the Swedish public debate since 1969*. Disponible en: http://www.statsvet.su.se/polopoly_fs/1.151439.1381911496!/menu/standard/file/abstract_boreus_hemsidan.pdf

Boscán Carrasquero, Guillermo. *Ceresole y la revolución de Hugo Chávez: la relación caudillo, ejército y pueblo*. Departamento de Ciencias Sociales. Universidad Arturo Prat. Revista Ciencias Sociales No. 25. Segundo Semestre. Iquique, 2010.

Brands, Hal. *Latin America's Cold War*. Harvard University Press, Cambridge, Massachusetts, 2010.

Burke, Edmund. *Select Works of Edmund Burke*. Vol. 1. Liberty Fund, Indianapolis, 1999. Disponible en: http://oll.libertyfund.org/titles/796

Burke, Edmund. Reflections on the Revolution in France, in *Select Works of Edmund Burke*, Vol. II. Liberty Fund, Indianápolis, 1999. Disponible en: http://oll.libertyfund.org/title/656

Canova, Antonio; Leáñez, Carlos; Graterol, Giuseppe; Herrera, Luis y Matheus Hidalgo, Marjuli. *La neolengua del poder en Venezuela*. Editorial Galipán, 2015.

Caplan, Bryan. *The Myth of the Rational Voter*. Princeton University Press, Princeton, 2006. Disponible en: http://www.libertarianismo.org/livros/tmotrvbc.pdf

Chafuén, Alejandro. *Las raíces cristianas de la económica de libre mercado*. Fundación para el Progreso-Instituto Res Publica, Santiago, 2013.

Chávez, Hugo. *Golpe de timón*. 20 de octubre de 2012. Ediciones Correo del Orinoco. Colección Claves. Disponible en: http://www.vicepresidencia.gob.ve/images/documentos/Tripa-GOLPE-DE-TIMON-web.pdf

Correa, Rafael. *Ecuador: De Banana Republic a la no República*, Debolsillo, Bogotá, 2012.

Correa, Sofía. *Zorobabel Rodríguez, Católico liberal*. Revista Estudios Públicos No. 66. Santiago, 1997.

Couyoumdjian, Juan Pablo. *Hiring a Foreign Expert*, en: *The Street Porter and the Philosopher: Conversations on Analytical Egalitarianism*. Edited by S. J. Peart and D. M. Levy. University of Michigan Press, 2008.

Dalberg, John Emerich Edward. *Lord Acton, Lectures on the French Revolution*. Ed. John Neville Figgis and Reginald Vere Laurence. Macmillan. London, 1910. Disponible en: http://oll.libertyfund.org/title/210

Dalberg-Acton, John Emerich Edward. *The History of Freedom and Other Essays*. Benediction Classics, Oxford, 2012.

Dahl, Robert. *Polyarchy*. Yale University Press, New Haven, 1971.

Deaton Angus. *El gran escape*. Fondo de Cultura Económica, México, 2015.

Della Rocca, Mario. *Gramsci en la Argentina*. 2ª edición. Editorial Dunken, Buenos Aires, 2014.

Descartes, Réné. *The Method, Meditations and Philosophy of Descartes*. M. Walter Dunne, Washington, 1901.

De Montaigne, Michel. *Essays of Montaigne*. Vol. 2. Trans. Charles Cotton. Revised by William Carew Hazlett, Edwin C. Hill, New York, 1910.

De Montaigne, Michel. *Essays of Montaigne*. Vol. 1. Trans. Charles Cotton. Revised by William Carew Hazlett, Edwin C. Hill, New York, 1910.

De Tocqueville, Alexis. *La democracia en América*. Editorial Trotta, Madrid, 2000.

Dieterich, Heinz. *El socialismo del siglo xxi*. Disponible en: http://www.rebelion.org/docs/121968.pdf

Dietze, Gottfried. *Democracia tal como es y democracia apropiada*. Revista Estudios Públicos No. 6. Santiago, 1982.

Dickens, Charles. *The Noble Savage*. Disponible en: https://ebooks.adelaide.edu.au/d/dickens/charles/d54rp/chapter12.html

Elliott, J. H. *Empires of the Atlantic World*. Yale University Press, New Haven and London, 2007.

Etchebarne, Agustín. *Nuevo fracaso del socialismo en América*, en: *Una Mirada Liberal, ¿A dónde nos llevó el populismo?* Relial-Friedrich Nauman Stiftung für die Freiheit, 2015. Disponible en: http://relial.org/index.php/biblioteca/item/501-una-mirada-liberal-¿a-dónde-nos-llevó-el-populismo?

Ferguson, Niall. *The Great Degeneration*. Penguin, Londres, 2012.

Ferrer, Aldo. *La economía Argentina: desde sus orígenes hasta principios del siglo XXI*. 3ª edición. Fondo de Cultura Económica, Buenos Aires, 2015.

Flemming, Chris; Rigamer, David y Block, Walter. *The Jesuits: From Markets to Marxism, From Property Protection to Social Progressivism*, Romanian Economic and Bussiness Review, Vol. 7, No. 2. Disponible en: http://www.rebe.rau.ro/RePEc/rau/journl/SU12/REBE-SU12-A1.pdf

Frank, André Gunder, The development of underdevelopment, in: *Imperialism and underdevelopment*, Robert Rhodes (ed.). Monthly Review Press, New York, 1970.

Frank, Andre Gunder. *Latin America: Underdevelopment or Revolution*. Modern Reader, New York and London, 1969.

French and English Philosophers. Harvard Classics. Edited by Charles Eliot. Vol. 34. Collier & Son, New York, 1910.

Friedman, Milton y Friedman, Rose. *Free to Choose*. Harvest Book, Orlando, 1990.

Friedman, Milton. *The Business Community's Suicidal Impulse*. Cato Policy Report, March/April 1999. Vol. 21, No. 2. Disponible en: http://www.cato.org/sites/cato.org/files/serials/files/policy-report/1999/3/friedman.html

Fromm, Erich. *El miedo a la libertad*. Paidós, México, 2012.

Frost, Gerald. *Antony Fisher, Champion of Liberty*. Institute of Economic Affairs, 2008. Disponible en: http://www.iea.org.uk/sites/default/files/publications/files/upldbook443pdf.pdf

Galeano, Eduardo. *Las venas abiertas de América Latina*. Pehuén Editores, Santiago, 2005.

Gallo, Ezequiel. *Liberalismo y crecimiento económico y social: Argentina 1880-1910.* Revista de Instituciones, Ideas y Mercados. No. 49. Octubre de 2008. Disponible en: http://www.eseade.edu.ar/files/riim/RIIM_49/49_9_gallo.pdf

Garrido, Alberto. *Mi amigo Chávez. Conversaciones con Norberto Ceresole.* Ediciones del Autor, Caracas, Venezuela. 2001.

Gramsci, Antonio. *Primero libres.* Il Grido del Popolo, 736. 31 agosto de 1918. Disponible en: https://app.box.com/s/2u4epxwryaspcehk9caq

Gramsci, Antonio. *La formación de los intelectuales.* Grijalbo, México, 1967.

Gramsci, Antonio. *Cuadernos de cárcel.* Tomo 5. Ediciones Era, México, 1985.

Gramsci, Antonio. *Socialism and Culture.* Gramsci Reader. Ed. by David Forgacs. New York University Press, New York, 2000.

Guevara, Ernesto Che. *Guerra de guerrillas.* Librodot.com. Disponible en: http://dspace.utalca.cl:8888/bibliotecas/librodot/guerra_guerrillas.pdf

Gutiérrez, Gustavo. *Hacia una teología de la liberación.* Disponible en: http://www.ensayistas.org/critica/liberacion/TL/documentos/gutierrez.htm

Gutiérrez, Gustavo. *Teología de la liberación.* Ediciones Sígueme. 7ª edición. Salamanca, 1975.

Gutiérrez Escudero, Antonio. *Simón Bolívar: aproximación al pensamiento del Libertador.* Disponible en: http://digital.csic.es/bitstream/10261/28362/1/BolivarPen.pdf

Hardy, Clarisa (editora) *Ideas para Chile.* LOM, Santiago, 2010.

Harnecker, Marta. *Cinco reflexiones sobre el socialismo del siglo XXI.* 22 de marzo de 2012, p. 3. Disponible en: http://www.rebelion.org/docs/147047.pdf

Harnecker, Marta. *A la conquista de una nueva hegemonía,* 2012.

Hartwich, Oliver Marc. *Neoliberalism: The Genesis of a Political Swearword.* CIS Occasional Paper 114. The Independent Institute, 21 de Mayo, 2009.

Hausmann, Ricardo. *¿Es el capitalismo la causa de la pobreza?* Project Syndicate, August 21, 2015. Disponible en: http://www.project-syndicate.org/commentary/does-capitalism-cause-poverty-by-ricar-do-hausmann-2015-08/spanish

Hayek, Friedrich. *Camino de servidumbre*. Alianza, Madrid, 1985.

Hayek, Friedrich. *The Constitution of Liberty*. Routledge, Abingdon, 2006.

Hayek, Friedrich. *Los intelectuales y el socialismo*. Disponible en: https://studentsforliberty.org/wp-content/uploads/2012/05/Hayek-Los-Intelectuales-y-el-Socialismo11.pdf

Hazlitt, Henry. *The Conquest of Poverty*. Foundation for Economic Education, New York, 1996.

Hillar, Marian. *Liberation Theology: Religious Response to Social Problems. A Survey*. Humanism and Social Issues. Anthology of Essays. M. Hillar and H. R. Leuchtag, eds. American Humanist Association. Houston, 1993. Disponible en: http://www.socinian.org/files/LiberationTheology.pdf Última visita: 25-10-2015.

Hira, Anil. *Ideas and Economic Policy in Latin America: Regional, National, and Organizational Case Studies*. Greenwood Publishing Group, Westport, 1998.

Hirschman, Albert O. *Rival Views of Market Society*. Harvard University Press, Cambridge, Massachussets, 1992.

Holcombe, Randall y Castillo, Andrea. *Liberalism and Cronism*. Mercatus Center. George Mason University. Arlington, 2013.

Huerta de Soto, Jesús. *Nuevos estudios de economía política*. 2a ed. Unión Editorial, Madrid, 2007.

Huddleston, Tom Jr. *5 times Pope Francis talked about money*. Fortune, September 14, 2015. Disponible en: http://fortune.com/2015/09/14/pope-francis-capitalism-inequality/

Ibarguen, Giancarlo. *University Francisco Marroquin: A Model for Winning Liberty*, in: *Taming Leviathan*, Ed by Colleen Dyble, IEA, London, 2008. Disponible en: http://www.iea.org.uk/publications/research/taming-leviathan-waging-the-war-of-ideas-around-the-world

Iglesias, Pablo. *Disputar la democracia*. Akal, Madrid, 2014.

Iglesias, Pablo. *Guerra de trincheras y estrategia electoral*. 3 de mayo de 2015. Disponible en: http://blogs.publico.es/pablo-iglesias/1025/guerra-de-trincheras-y-estrategia-electoral/

Jellinek, Georg. *The Declaration of the Rights of Man and of Citizens: A Contribution to Modern Constitutional History*, Henry Holt and Co., New York, 1901.

Juan Pablo II. *Centesimus Annus*. 1991. Disponible en: http://w2.vatican.va/content/john-paul-ii/es/encyclicals/documents/hf_jp-ii_enc_01051991_centesimus-annus.html

Kahneman, Daniel. *Maps of Bounded Rationality: A Perspective on Intuitve Judgment and Choice*, Prize Lecture, December 8, 2002. Disponible en: http://www.nobelprize.org/nobel_prizes/economic-sciences/laureates/2002/kahnemann-lecture.pdf

Kahneman, Daniel. *Thinking Fast and Slow*, Penguin, London, 2012.

Kaiser, Axel. *La miseria del intervencionismo: 1929-2008*. Unión Editorial, Madrid, 2014.

Kaiser, Axel. *La fatal ignorancia*. Unión Editorial-Fundación para el Progreso, Madrid, 2014.

Keynes, John Maynard. *National Self-Sufficiency*. The Yale Review, Vol. 22, No. 4 (June 1933).

Keynes, John Maynard. *Preface to the German edition of The General Theory of Interest, Money and Unemployment*. 1936. Disponible en: http://gutenberg.net.au/ebooks03/0300071h/gerpref.html

Krause, Martín. *La economía explicada a mis hijos*. Buenos Aires, Aguilar, 2003. Disponible en: http://www.fhi.org.hn/images/Libros/185-martin-krause-la-economia-explicada-a-mis-hijos.pdf

Krauze, Enrique. *Redentores: ideas y poder en América Latina*. Debate. México. 2011.

Krugman, Paul. *The Return of Depression Economics*. Penguin, London, 2008.

Lal, Deepak. *Poverty and Progress*. Cato Institute, Washington, 2013.

Latin America's Philosophical Identity. En: *Latin American Philosophy*. 14 de agosto de 2013. Disponible en: http://plato.stanford.edu/entries/latin-american-philosophy/#LatAmePhiIde

Lechín, Juan Claudio. *Las máscaras del fascismo*. Plural, La Paz, 2015.

Laclau, Ernesto. *La razón populista*. Fondo de Cultura Económica, Buenos Aires, 2005.

Leighton, Wayne y López, Edward. *Madmen, Intellectuals, and Academic Scribblers*. Stanford University Press. Stanford, California, 2013.

Lieber, Francis. *Anglican and Gallican Liberty.* New Individualist Review. Liberty Fund, Indianapolis, 1981. Disponible en: http://oll. libertyfund.org/title/2136/195437

Locke, John. *Second Treatise of Government.* Hackett Publishing Company, Indianapolis, 1980.

Louis Althusser. *La filosofía como arma de la revolución.* Cuadernos del Pasado y Presente /4. Tercera edición, Córdoba, 1971.

Lüders, Rolf. La misión Klein-Saks, los Chicago Boys, y la política económica, en: *Reformas económicas e instituciones políticas: la experiencia de la misión Klein- Saks en Chile,* ed. por Juan Pablo Couyoumdjian. Universidad del Desarrollo, Santiago, 2011.

Lynch, Frances M.B. *France and the International Economy: From Vichy to the Treaty of Rome.* Taylor & Francis e-Library, 2006.

Mallorquín, Carlos. *Textos para el estudio del pensamiento de Raúl Prebisch.* Disponible en: http://www.revistas.uchile.cl/index.php/ CDM/article/viewFile/25955/27268

McCloskey, Deidre N. *Bourgeois Dignity.* The University of Chicago Press, Chicago, 2010.

McCormak, Billy. *A Swedish Think Tank Punches Above its Weight, in Freedom Champions.* Atlas, Washington, 2011. Disponible en: https:// www.atlasnetwork.org/assets/uploads/misc/FreedomChampions. pdf

McLetchie, Scott. *Maximilien Robespierre, Master of the Terror.* Disponible en: http://www.loyno.edu/~history/journal/1983-4/ mcletchie.htm

Mészáros, István. *El desafío y la carga del tiempo histórico: el socialismo del siglo xxi.* Fundación Editorial el Perro y la Rana. Tomo I. Caracas, 2009.

Mészáros, István. *Más allá del capital.* Pasado y Presente xxi, La Paz, 2010.

Monedero, Juan Carlos. *Empresas de producción social: instrumento para el socialismo del siglo xxi.* Centro Internacional Miranda, Caracas, 2006.

Morandé, Felipe. *A Decade of Inflation Targeting in Chile: Main Developments and Lessons.* Presentation at the Conference *"Monetary Policy and Inflation Targeting in Emerging Economies",* organized by the Bank Indonesia and the IMF, Jakarta, July 13 and 14, 2000. Disponible en: http://www.bcentral.cl/eng/policies/presentations/executives/pdf/2000/morandejulio132002.pdf

Mussollini, Benito. *The Doctrine of Fascism*, 1932. Disponible en: https://archive.org/details/DoctrineOfFascism

Nash, George. *Antony Fisher: Entrepreneur for Liberty*. June 19, 2015. Disponible en: https://www.atlasnetwork.org/news/article/antony-fisher-entrepreneur-for-liberty

Norberg, Johan. *How Laissez-Faire Made Sweden Rich*. October 25, 2013. Disponible en: http://www.libertarianism.org/publications/essays/how-laissez-faire-made-sweden-rich#.rq72mz:XePw

North, Douglass. *Institutions, Institutional Change and Economic Performance*. Cambridge University Press, 1990.

North, Douglass. *Economic Performance through Time*. Lecture to the memory of Alfred Nobel, December 9, 1993. Disponible en: http://www.nobelprize.org/nobel_prizes/economics/laureates/1993/north-lecture.html

North, Douglass. *¿Qué queremos decir cuando hablamos de racionalidad?* Estudios Públicos. Centro de Estudios Públicos, No. 53. Santiago, 1994. Disponible en: http://www.cepchile.cl/dms/archivo_1360_2781/rev53_north.pdf

North, Douglass. *The Role of Institutions in Economic Development*. Unece Discussion Papers Series, No. 2003.2. October, 2003. Disponible en. http://www.unece.org/fileadmin/DAM/oes/disc_papers/ECE_DP_2003-2.pdf

North, Douglass. *Economics and Cognitive Science*. Washington University, St Louis. Disponible en: http://www2.econ.iastate.edu/tesfatsi/north.econcognition.pdf

Orwell, George. *Politics and the English Language*. 1946. Disponible en: https://www.mtholyoke.edu/acad/intrel/orwell46.htm

Pahowka, Gareth, *A Railroad Debacle and Failed Economic Policies: Peron's Argentina,* The Gettysburg Historical Journal, Vol. 4, 2005, p. 97.

Pavón, Héctor. *Argentina: el regreso de los intelectuales públicos*. Nueva Sociedad No. 245. Mayo-junio de 2013.

Payne, Stanley. *El Fascismo*. Alianza, Madrid, 1982.

Perón, Juan Domingo. *Conducción Política*. Instituto Nacional "Juan Domingo Perón" de Estudios e Investigaciones Históricas, Sociales y Políticas. Buenos Aires, 2006. Disponible en: http://www.jdperon. gov.ar/institucional/cuadernos/Cuadernillo11.pdf

Pinker, Steven. *The Blank Slate*. Penguin, London, 2002.

Popper, Karl. *En busca de un mundo mejor*. Paidós, Barcelona, 1994.

Prebisch, Raúl. *El desarrollo económico de la América Latina y sus principales problemas*, ECLA, May 14th, 1949.

Ratzinger, Joseph. *Instrucción sobre algunos aspectos de la teología de la liberación*. Revista Ciencia Política, Vol. VI, No. 2. Universidad Católica de Chile, 1984. Disponible en: http://www.revistaciencia-politica.cl/rcp/wp-content/uploads/2013/08/07_vol_06_2.pdf

Read, Leonard. *I Pencil*. Disponible en: http://www.econlib.org/library/ Essays/rdPncl1.html

Retamozo, Martín. *Intelectuales, kirchnerismo y política. Una aproximación a los colectivos de intelectuales en Argentina*. Nuevo Mundo, Mundos Nuevos. 23 de octubre de 2012. Disponible en: http://nuevomundo.revues.org/64250

Revel, Jean- François. *La gran mascarada*. Taurus, Madrid, 2000.

Revel, Jean Francois. *El conocimiento inútil*. Planeta, Barcelona, 1989.

Roth, Hermann. *Die Nationalsozialistische Betriebszellenorganisation, von der Gründung biz zur Röhm-Affäre* (1928 bis 1934). Wirtschaftsgeschichte. 1978/I. Disponible en: http://www.digitalis. uni-koeln.de/JWG/jwg_75_49-57.pdf

Rodríguez Peña, Alfredo. *Evadas*. Producción independiente, Santa Cruz de la Sierra, 2014.

Rojas, Mauricio. *Reinventar el Estado de bienestar*. Gotagota, Madrid, 2008.

Rousseau, Jean Jacques. *Discurso sobre el origen de la desigualdad entre los hombres*. Disponible en: http://www.catedradh.unesco.unam. mx/SeminarioCETis/Documentos/Doc_basicos/5_biblioteca_virtual/2_genero/5.pdf

Rousseau, Jean-Jacques. *The Social Contract and Discourses by Jean-Jacques Rousseau*. J. M. Dent and Sons, London and Toronto, 1923.

Sala-i-Martín, Xavier. *El Capitalismo Reduce la Pobreza en el Mundo*. Blog de Xavier Sala-i-Martín. 22 de octubre de 2013. Disponible en:

http://salaimartin.com/randomthoughts/item/693-el-capitalismo-reduce-la-pobreza-en-el-mundo.html

Sanandaji, Nima. *The Surprising Ingredients of Swedish Success: Free Markets and Social Cohesion.* Discussion Paper No. 41. Institute of Economic Affairs, agosto, 2012.

Sartori, Giovanni. *La democracia después del comunismo.* Alianza. Madrid, 1993.

Schumpeter, Joseph. *Capitalism, Socialism and Democracy.* Harperperennial, New York, 2008.

Schmidt —Hebbel, Klaus. *Crecimiento Cero.* El Mercurio. 9 de Junio de 2015. Disponible en: http://www.economiaynegocios.cl/noticias/noticias.asp?id=152007

Smith, Adam. *The Wealth of Nations*, Barnes & Noble, New York, 2004.

Sowell, Thomas. *Intellectuals and Society.* Basic Books, New York, 2009.

Stuart Mill, John. *The Collected Works of John Stuart Mill*, Volume XIX. Essays on Politics and Society, Part 2, Edited by John M. Robson. University of Toronto Press, Toronto, 1985.

Tertsch, Hermann. *Días de ira.* La Esfera de los Libros, Madrid, 2015.

Toye, John y Toye, Richard. *Raul Prebisch and the Limits of Industrialization*, in: *Raul Prebisch, Power, Principle and the Ethics of Development, Inter American Development Bank.* Buenos Aires, 2006.

Vargas Llosa, Álvaro; Apuleyo, Plinio y Montaner, Carlos Alberto. *El manual del perfecto idiota latinoamericano.* Atlántida, Barcelona, 1996.

Rangel, Carlos. *Del buen salvaje al buen revolucionario*, Monte Ávila Editores, Caracas, 1982.

Revel, Jean François. *La gran mascarada.* Taurus, Madrid, 2000.

Velásquez, Álvaro. *Ideología burguesa y democracia.* Serviprensa, Guatemala, 2014.

Wood, Gordon. *The American Revolution.* The Modern Library, New York.

Woods, Alan. *La revolución bolivariana: un análisis marxista.* Centro de Estudios Socialistas. Disponible en: http://centromarx.org/images/stories/PDF/aw_venezuela_centro_marx.pdf

Woods, Alan. *Hay que cumplir con el legado de Hugo Chávez*. 6 de marzo de 2014. Disponible en: http://luchadeclases.org/internacional/america-latina/venezuela/1692-cumplir-el-legado-de-chavez.html

Yergin, Daniel y Stanislaw, Joseph. *The Commanding Heights* (Extractos). 2002. Disponible en: http://www-tc.pbs.org/wgbh/commandingheights/shared/pdf/ess_argentinaparadox.pdf

Zanotti, Gabriel. *Liberalismo y catolicismo hoy*. Revista Ucema. Disponible en: https://www.ucema.edu.ar/publicaciones/download/revista_ucema/25/analisis-zanotti.pdf

Zingales, Luigi. *A Capitalism for the People*. Basic Books, New York, 2012.

Reportes

BTI2014|VenezuelaCountryReport. Bertelsmann Stiftung. Disponible en: http://www.bti-project.org/uploads/tx_itao_download/BTI_2014_Venezuela.pdf

Corruption Perception Index 2014. Transparency International. Disponible en: http://www.transparency.org/cpi2014/results

Economic Freedom of the World Report. Fraser Institute, 2013. Disponible en: https://www.fraserinstitute.org/uploadedFiles/fraser-ca/Content/research-news/research/publications/economic-freedom-of-the-world-2013.pdf

The Rockefeller Report on The Americas. Quadrangle Books, Chicago, 1969.

Percepciones culturales de la desigualdad. Departamento de Sociología de la Universidad de Chile y la Unidad de Estudios Prospectivos de Mideplan (1999- 2000). Disponible en: http://www.mideplan.cl/admin/docdescargas/ centrodoc/centrodoc197.pdf

World Giving Index 2014. Disponible en: https://www.cafonline.org/pdf/CAF_WGI2014_Report_1555AWEBFinal.pdf

Documentos, discursos y otras referencias digitales

Address by President Kennedy at a White House Reception for Latin American Diplomats and Members of Congress. March 13, 1961. Disponible en: http://web.archive.org/web/20060903200646/http://www.fordham.edu/halsall/mod/1961kennedy-afp1.html

Guevara, Ernesto Che. *Discurso en la conmemoración del segundo aniversario de la integración de las Organizaciones Juveniles.* 20 de octubre de 1962. Disponible en: http://archivo.juventudes.org/textos/Jovenes%20Clasicos/Discursos%20a%20la%20juventud.pdf

Guevara, Ernesto Che. *Crear dos, tres, muchos Vietnam. Mensaje a los pueblos del mundo a través de la Tricontinental.* Secretariado Ejecutivo de la Organización de Solidaridad de los Pueblos de África, Asia y América Latina (Ospaaal). La Habana, Cuba, 16 de abril de 1967. Disponible en: https://www.marxists.org/espanol/guevara/04_67.htm

Medellín (1968). Disponible en: http://www.diocese-braga.pt/catequese/sim/biblioteca/publicacoes_online/91/medellin.pdf

Declaración de São Paulo. Foro de São Paulo, 4 de julio de 1990. Disponible en: http://forodesaopaulo.org/wp-content/uploads/2014/07/01-Declaracion-de-Sao-Paulo-19901.pdf

Declaración Final del IV Encuentro del Foro de São Paulo. La Habana. 24 de julio de 1993. Disponible en: http://forodesaopaulo.org/wp-content/uploads/2014/07/04-Declaracion-de-La-Habana-1993.pdf

Carta Abierta/1. Página 12. 15 de mayo de 2008. Disponible en: http://www.pagina12.com.ar/diario/elpais/1-104188-2008-05-15.html

How I built a toaster —from scratch. Ted. 2010. Disponible en: https://www.ted.com/talks/thomas_thwaites_how_i_built_a_toaster_from_scratch

Discurso del Santo Padre Francisco a los embajadores de Kirguistán, Antigua y Barbuda, Luxemburgo y Botswana. Libreria Editrice Vaticana. 16 de mayo de 2013. Disponible: https://w2.vatican.va/content/francesco/es/speeches/2013/may/documents/papa-francesco_20130516_nuovi-ambasciatori.html

Discurso de Álvaro García, al xx Encuentro del Foro de São Paulo. Foro de São Paulo, 15 de septiembre de 2014. Disponible en: http://forodesaopaulo.org/discurso-de-alvaro-garcia-al-xx-encuentro-del-foro-de-sao-paulo/

Feliz cumpleaños democracia argentina. Cristina Fernández de Kirchner. 13 de diciembre de 2014. Disponible en: http://www.cfkargentina.

com/discurso-de-cristina-kirchner-en-el-festejo-de-31-anos-de-de-mocracia-en-argentina/

Instituto Nacional de Revisionismo Histórico Argentino e Iberoamericano Manuel Dorrego. Disponible en: http://institutonacionalmanueldo-rrego.com/

State Intervention in the Economy in the 1930s. Disponible en: http://www.pbs.org/wgbh/commandingheights/shared/minitext/int_osval-dosunkel.html#2

Interview to Raul Prebisch, Cepal Review, No. 75, December 2001. Disponible en: http://www.eclac.org/publicaciones/xml/5/19315/pollock.pdf

Program of the National Socialist German Workers' Party. Disponible en: http://avalon.law.yale.edu/imt/nsdappro.asp

Artículos de opinión, entrevistas y notas de prensa

Democracy in Chile. Commanding Heights. 26 de marzo de 2001. Disponible en: http://www.pbs.org/wgbh/commandingheights/sha-red/minitextlo/int_alejandrofoxley.html#4

Entrevista a F.A Hayek, El Mercurio, 12 de abril de 1981. Disponible en: http://www.economicthought.net/blog/wp-content/uploads/2011/12/LibertyCleanOfImpuritiesInterviewWithFVonHayekChile1981.pdf

"Hugo Chávez: 'El neoliberalismo es el camino que conduce al infier-no'". 17 de mayo de 2002. El País. Disponible en: http://elpais.com/diario/2002/05/17/internacional/1021586404_850215.html

"Castro: I Am Not Rich" CBS News. 16 de mayo de 2006. http://www.cbsnews.com/news/castro-i-am-not-rich/

Vargas Llosa, Mario. *Bostezos chilenos.* El País. 29 de enero de 2006. Disponible en: http://elpais.com/diario/2006/01/29/opi-nion/1138489207_850215.html

"Destitute no more: A country that pioneered reform comes close to abolishing poverty". The Economist, August 16, 2007.

"Así defendía Monedero a Chávez en 2007: 'Venezuela da esperanza a los pobres'". La Sexta. Disponible en: http://www.lasexta.com/programas/mas-vale-tarde/noticias/asi-defendia-monedero-cha-vez-2007-venezuela-esperanza-pobres_2015021600425.html

Taylor, John. *How Government Created the Financial Crisis*. The Wall Street Journal, February 9, 2009. Disponible en: http://www.wsj.com/articles/SB123414310280561945

"Raul Prebisch: Latin America's Keynes", The Economist, March 5th, 2009.

"Hugo Chávez entrega a István Mészáros el Premio al Pensamiento Crítico". Noticias 24. 14 de septiembre de 2009. Disponible en: http://www.noticias24.com/actualidad/noticia/86279/hugo-chavez-comienza-una-transmision-especial-para-premiar-a-istvan-meszaros/

"Socialism for foes, capitalism for friends". The Economist, 25 de febrero de 2010.

"Chavez's socialist populism perpetuates inequality". The Globe and Mail. 23 de agosto de 2010. Disponible en: http://www.theglobeandmail.com/globe-debate/editorials/chavezs-socialist-populism-perpetuates-inequality/article4324887/

Daniel Kahneman: "La gente vota sobre cosas de las que no tiene ni idea". ABC, 16 de junio de 2012. Disponible en http://www.abc.es/20120615/cultura-libros/abci-daniel-kahneman-premio-nobel-201206151829.html

Chávez: una revolución democrática. El Espectador. 9 de marzo de 2013. Disponible en: http://www.elespectador.com/noticias/elmundo/chavez-una-revolucion-democratica-articulo-409274

"Los asesores de Chávez". El Universal. 24 de marzo de 2013. Disponible en: http://www.eluniversal.com/nacional-y-politica/130324/los-asesores-de-chavez

"Rafael Correa arremete contra el FMI y el neoliberalismo". Diario Libre. 22 de abril de 2013. Disponible en: http://www.diariolibre.com/noticias/2013/04/22/i380304_rafael-correa-arremete-contra-fmi-neoliberalismo.html Última visita: 25-10-2015.

Is Pope Francis a Socialist? Newsweek. December 12, 2013. Disponible en: http://www.newsweek.com/2013/12/13/pope-francis-socialist-244916.html

"Hay que cambiar populismo por democracia e igualdad". El Ciudadano Web. 6 de enero de 2014. Disponible en: http://www.

elciudadanoweb.com/hay-que-cambiar-populismo-por-democra-cia-e-igualdad/

"*Cristina lanzó en cadena nacional becas para los 'hijos del neolibe-ralismo'*". Perfil. 22 de enero de 2014. Disponible en: http://www. perfil.com/politica/Cristina-lanzo-en-cadena-nacional-becas-para-los-hijos-del-neoliberalismo-20140122-0037.html

"*The tragedy of Argentina: A century of decline*". The Economist. 15 de febrero de 2014. Disponible en: http://www.economist.com/news/ briefing/21596582-one-hundred-years-ago-argentina-was-future-what-went-wrong-century-decline

Editorial: ¿Un Chile a la europea? El Comercio. 17 de marzo de 2014. Disponible en: http://elcomercio.pe/opinion/editorial/editorial-chi-le-europea-noticia-1716343

"*Maduro: Venezuela es el país 'más democrático' de Latinoamérica*". El Mundo. 21 de marzo de 2014. Disponible en: http://www.elmun-do.es/internacional/2014/03/21/532c8f13ca4741de278b4589.html

"*Senador Quintana anuncia 'retroexcavadora' contra modelo neolibe-ral*". Emol.com. 25 de marzo de 2014. Disponible en: http://www. emol.com/noticias/nacional/2014/03/25/651676/nueva-mayoria-ad-vierte-que-pasara-retroexcavadora.html

Correa, Rafael. *Real Freedom Requires Justice*, The Boston Globe. 9 de abril de 2014. Disponible en: http://www.bostonglobe.com/opi-nion/2014/04/09/real-freedom-requires-justice/m5aUIBXL3JsQo-bAQCAtrsO/story.html

"*No volvería a leer 'Las venas abiertas de América Latina'*". El País. 5 de mayo de 2014. Disponible en: http://cultura.elpais.com/cultu-ra/2014/05/05/actualidad/1399248604_150153.html

"*'Fidel Castro lived like a king in Cuba', book claims*". The Guardian, 21 de mayo de 2014. Disponible en: http://www.theguardian.com/ world/2014/may/21/fidel-castro-lived-like-king-cuba

Reform in Chile: The lady's for turning. The Economist. May 24, 2014. Disponible en: http://www.economist.com/news/ameri-cas/21602681-michelle-bachelet-putting-her-countrys-growth-mo-del-risk-ladys-turning

"*Chile faces tougher sell to investors as growth stalls*". Financial Times. October 13, 2014. Disponible en: http://www.ft.com/intl/cms/s/0/fb-cefd70-52d9-11e4-9221-00144feab7de.html#axzz3nyWV9D00

"*'El régimen mexicano está podrido', dice* AMLO *en Nueva York*". Jornada. 15 de octubre de 2014. Disponible en: http://www.jornada. unam.mx/ultimas/2014/10/15/201cel-regimen-mexicano-esta-po-drido201d-dice-amlo-en-nueva-york-9527.html

"*Chile ha sido muy inteligente, [...] pero podría estar a punto de ejercer su derecho a ser estúpido*" El Mercurio p.C4. Nacional. 6 de septiembre de 2014.

O' Grady, Mary Anastasia. *The Chile 'Miracle' Goes in Reverse.* Wall Street Journal. November 2, 2014. Disponible en: http://www.wsj. com/articles/mary-anastasia-ogrady-the-chile-miracle-goes-in-re-verse-1414973280

"*Evo Morales: 'El neoliberalismo es el responsable de los problemas de Bolivia'*". Havana Times. 29 de enero de 2015. Disponible en: http:// www.havanatimes.org/sp/?p=103019

"*The revolution at bay*". The Economist, 14 de febrero de 2015.

"*Ignacio Ramonet: 'La gran prensa española miente sobre todo lo que ocurre en Venezuela'*". ATTAC. 20 de marzo de 2015. Disponible en: http://www.attac.es/2015/03/20/ignacio-ramonet-la-gran-prensa-es-panola-miente-sobre-todo-lo-que-ocurre-en-venezuela/

"*Evo Morales: 'Lo importante es que Bolivia demuestre que es un país democrático'*". Telesur. 29 de marzo de 2015. Disponible en: http://www.telesurtv.net/news/Evo-Morales-llama-a-votar-para-fortalecer-la-democracia-20150329-0017.html

"*Mario Vargas Llosa dice que 'Bachelet no debiera caer en tentaciones chavistas'*". T13. 9 de abril de 2015. Disponible en: http://www.t13. cl/noticia/politica/mario-vargas-llosa-dice-que-bachelet-no-debiera-caer-en-tentaciones-chavistas

"*Vargas Llosa: 'los escritores algo tienen que aportar a la vida política'*". 14 de abril de 2015. Deutsche Welle. Disponible en http:// www.dw.de/vargas-llosa-los-escritores-algo-tienen-que-aportar-a-la-vida-pol%C3%ADtica/a-18383813

"*'Kirchner y Chávez vinieron a encender los fuegos de la igualdad', afirmó la Presidenta*". Casa Rosada. Presidencia de la Nación

Argentina. 4 de mayo de 2015. Disponible en: http://www.casarosa-da.gob.ar/slider-principal/28647-kirchner-y-chavez-vinieron-a-en-cender-los-fuegos-de-la-igualdad-afirmo-la-presidenta

"An Anxious Role Model". The Economist. May 9, 2015. Disponible en: http://www.economist.com/news/americas/21650580-chile-needs-change-should-build-its-strengths-anxious-role-model

"Umberto Eco arremete contra las redes sociales porque dan voz 'a una legión de idiotas'". ABC, 16 de junio de 2015. Disponible en: http://www.abc.es/cultura/20150616/abci-umberto-redes-sociales-201506161259.html

"Guy Sorman: Si usted destruye el motor del crecimiento, priva a los más pobres de integrarse a la clase media". El Mercurio. 16 de agosto de 2015. Disponible en: http://www.economiaynegocios.cl/noticias/noticias.asp?id=173601

"Damage control in Chile". The Economist. October 24th, 2015. Disponible en: http://www.economist.com/news/americas/21676825-michelle-bachelets-reluctant-retreat-towards-centre-damage-control-chile

ÍNDICE

50 cosas que hay que saber sobre Filosofía

Ben Dupré

Con frecuencia se ha considerado a la filosofía como la disciplina académica por antonomasia, con sus practicantes firmemente enclaustrados en sus torres de marfil, al margen de los problemas de la vida real. Nada más lejos de la realidad, el pensamiento filosófico se ocupa de los asuntos que importan. Para decidir qué deberíamos hacer, en vez de qué podemos hacer, tenemos que recurrir a la filosofía. Para aprender a vivir, para saber de justicia, de lenguaje, de estética, de realidad e irrealidad, para gozar, para amar, tenemos que recurrir a la filosofía.

En esta colección de 50 ensayos escritos de un modo tan accesible como lúcido, Ben Dupré nos presenta y nos explica todos estos conceptos que han merecido la atención de los pensadores, desde la Antigua Grecia hasta el presente. Una introducción perfecta a la filosofía escrita por un autor con un auténtico talento para popularizar sus conceptos, a menudo complejos y exigentes.